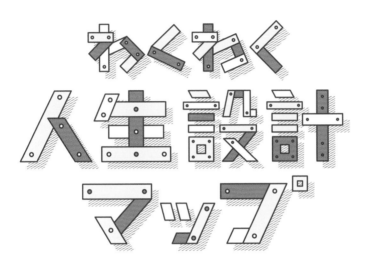

わくわく人生設計マップ

知明
TOMOAKI

幻冬舎
MC

はじめに

時代は、変わった。

『マネジメント』社会に出るとよく耳にする
言葉ですよね。私は28歳から41歳まで、
会社を経営しておりました。

そこで、一番大切にしていたことは、
社員と向き合うこと。そこで、気づいたことは、
マネジメントの時代は終わったということ。
これからは、社員の頑張る理由探しと、
それを叶えるフィールドの構築こそが、
経営側のミッションだと。

と、このような思いで
教育を受けてきた人々を、受け止める側の企業は、
その人々を活躍させてあげることが
大切な考え方だと確信しました。

そのためには、
人々は、なんのために今を生きているのか？
なんのために、がんばっているのか？
それを認識した上でこれからの人生の選択を
決定していくことが重要です。

学生にも、社員にも、社長にも、パパにも、ママにも、

★ ある打ち合わせでこんな話を聞きました。

某中学の校長先生
『私たちは、勉強を教えている
わけではなく、勉強を通じて、
社会で活躍できる考え方を
教えている』

某甲子園常連監督
『私たちは、野球を教えている
わけではなく、野球を通じて
社会に通用する考え方を
教えている』

✹ すべての人々が自分の
わくわくポイントを発見し、その実現のために、
日常を楽しむ考え方を持って欲しい、
そんな想いでこの本を作成しました。

考え方次第で、辛いも、
大変も、しんどいもすべてを
『今日もがんばった!! ハッピーだ！』
に、変換できるのです。
それが人生設計MAPです。
皆様の日常にわくわくが溢れることを
願っております！

目次

キミの人生を輝かせる魔法があ〜る

それは・・・・・

第1章

人生設計MAPが必要なワケ

人生の成功は

成功するためには、日常を **わくわく どきどき** で
いっぱいにする、たったそれだけでよかったんです。

みなさんは、わくわくどきどきしていますか。
私はこれまでにいろいろな方とお話ししてきましたが、
不安を抱えている大人がとっても多いと思っています。
不安な理由として、大人になると自由になるからだと思っています。
6歳になると小学校に行き、13歳になると中学校、
そして高校、大学、そして就職する。
大人になるまでは国や学校が敷いたレールに
乗っかっていればよかったのですが、突然レールがなくなります。
代わりに自由になります。
自由になると聞くと耳当たりはよいですが、自由は責任を伴います。
社員になるのも、フリーターになるのも、独立するのも、あなた自身にお任せです。
でも、不安を解消するために多くの人はその場に残り続けようとします。
そしていつのまにか30歳、40歳になって、
日々のルーティンだけに追われている現状に気づくのです。
このままでいいのか、なんのためにがんばっているのかと考えて、結局不安になる。
不安から逃れようとして、結局不安になるという悪循環、
それだけは避けなければなりません。
そんな悪循環にはまらないようにする方法があります。
それが人生設計MAPです。

さあ、人生の設計図をつくり、
わくわくどきどきに溢れた人生をつかみ取ろう。

登 場 人 物 の紹介

人生設計？
そんなんでほんとに
夢がかなうのかなー

マナちゃん！
必ずかなう、夢とか目標とか
そういう言葉にしばられず、
自分がどうなったら**わくわく**するか？
それを見つけだすんだぞ。

私の成功の
イロハを伝えるわ！

マナビちゃん

新卒入社
ほやほや →

【新人】

地元の高校から受かりそう
な大学に進学。就職も、特に
したいことがなかったため、
内定をもらったところから
「とりあえず」で選んだ

JIN先生

【経営者】

目標であった41歳で
セミリタイヤし、現在 は
人生設計ＭＡＰ拡散中

金本知憲

【アニキ】

元阪神タイガース監督
の野球人

法嶋将太
【ほーじー】
JIN先生の1番弟子、高校球児
25歳で独立、現在奮闘中

人生設計ＭＡＰの本質は何か？

それは「実行力」です。

みんなも経験あるんじゃないかな。

これやろう！と決めたことがいつのまにか

消えてしまったり、３日坊主になってしまったり。

私（JIN先生）もそうでした。目標を決めても達成したことがありませんでした。

しかし人生設計ＭＡＰに出会い、

２つのできない理由に気づくことができたのです。

１つめは、

目標を何のために達成するのか、がんばる理由が不明確だったこと。

２つめは、

目標に対してわくわくしていなかったことです。

なので、決めた目標を

実行し続けることができなかったのです。

少したとえ話をしましょう。

私は、人生はロールプレイングゲームみたいなものだと考えています。
敵と戦って経験値を稼ぎ、レベルを上げ情報収集を重ねる。
途中で仲間と出会い、協力することで目的を果たしていく。
人生も同じだと思います。
仕事で人に役立つことにより、お金を得る。お金を自分に必要なものに変換して
いく。仲間と出会い、自分のやってみたい事業に挑戦していく。
どちらも必要なことは目的と仲間 です。
目的がなければ、ゲームはおもしろくありません。それは人生も同じです。
仲間がいなければ、目的を達成することは難しいですし、喜びを共有できません。

さて、人生に大切な要素はわかりました。
その大切な要素を獲得するための第一歩、
それは自分ととことん向き合うこと です。
本当の自分と出会うことができれば、
自然と **わくわく——するってことを発見できる** と思います。

自分の本当のやりたいこと、ド真ん中を見つけましょう。そこから本当の人生の物語が始まるのです。

わくわくなド真ん中を決めたら

次にすることは
自分にとって人生で大切で重要な幸せのパーツを考えましょう。

人生の成功は、決して1つの ことだけではないはずです。

お金持ちになれば
それで幸せなのか？

マイホームが手に入れば
それで幸せなのか？

バランスよく自分の必要なパーツがそろって
はじめて幸せを手にしたと
実感できるのではないでしょうか？

お金持ちになったが、家族に見捨てられ、
気づいたら一人だった。
仕事が順調だったが体を壊してしまった。
あとから気づくのではなく、
あらかじめ自分の幸せのパーツを考えそれを見える化することで、
幸せの同時進行が可能なのです。

人生の地図を描き
たった一度の人生を
自分の思い描いた
人生の成功のために使う

そんな
わくわくな日常を手に入れよう！

案内人  の紹介

JIN先生
知明（ともあき）

私が、
JINだよ♪

変身！

"第二形態じゃ"

【経歴】

1977年　兵庫県尼崎市生まれ

2000年　摂南大学 理工学部 卒業

2000年　株式会社清水工業所（建設業）入社

2003年　株式会社光通信（営業職）入社

2006年　有限会社R・S設立（28歳）

2007年　株式会社R・Sへ変更

2010年　創業5年目で売上5億円到達

2014年　創業9年目で売上10億円到達

2017年　創業12年目で売上20億円到達

2018年　株式会社R・Sを上場企業にM&Aし、会長に就任

2019年　会長を退任し、新たにド真ん中式会社を設立

小学校時代：剣道・珠算・水泳・書道・学習塾など複数の習い事を同時に行い、どの習い事もそこそこの成果を収める。しかし、友達と遊ぶことの方が楽しく、どの習い事も好きではなかった。

中学時代・高校時代：中学の部活で剣道部に入り、地区大会でベスト3以内に何度も入賞するも、剣道には夢中になれなかった。中学の終わり頃からアトピー性皮膚炎を発症。高校もアトピーにひどく悩む学生生活を送る。

大学時代：アトピーを治すために、体と向き合いあらゆる自然療法を試すもどれも完治には至らず。就職もあきらめていたが、4回生の時に岡山県での温泉治療がうまくいき症状が改善。肌もよくなり、少し生きる活力と意欲がわき始める。たまたま見た求人票から、建設業に就職決定。

サラリーマン時代：建築業での職場環境が肌に悪影響を及ぼし、アトピーの症状が悪化。休職しながらも3年間働いたが、転職。ここではじめて治療としてステロイドを使用し、肌が一気に改善。またまた活力がわき始め、「稼げる」というキャッチフレーズの

会社に就職。営業人数が何千人いる中で半年で役職に昇格、月間2位の成績を収めるなど結果を出す。そこで約3年働き、起業を決意する。

起業後：起業3年目（売上4億円／従業員40名程）の時に、取引先が計画倒産し、数千万円の損害を受けた。銀行にも見捨てられ、倒産の危機に直面。絶体絶命の窮地に陥るが、父親にお金を借り、個人資産をすべて会社に入れて、何とか危機を乗り越える。
そこから売上も伸ばすことに成功。NTT・SoftBank・複合機・食べログなど、あらゆる商材の営業販売店で1位2位など上位の実績を残すも、自社で開発したビジネスがないことを常に悩んでいた。創業11年目ではじめての自社サービス「10年以上野球をやっている学生」だけを集めた就活合同説明会【野球魂】を事業化し、見事大成功。その後、会社を上場企業にM&Aする。

現在：人生の成功は、自ら描くことによってかなえられることを実体験し、人生の設計図を描くコンテンツ【人生設計MAP】を多くの人に知って実行してもらい、自分の人生を「わくわく」生きてもらうためにド真ん中式会社を設立。

金本 知憲
かねもと ともあき

みんなを
応援するぞ♪

変身！！

【経歴】
1968 年 広島市生まれ。広陵高校、東北福祉大学卒業
1991 年 ドラフト 4 位で広島東洋カープに入団
1995 年 低迷期と挫折を自己改革で乗り越え、広島東洋カープ・レギュラーとして活躍
2000 年 プロ野球史上 7 人目のトリプルスリー（3 割、30 本塁打、30 盗塁）を達成
2003 年 FA により阪神タイガースに移籍。2003 年・2005 年にリーグ優勝に貢献
2005 年 シーズン MVP 獲得。ベストナイン 7 回。日本シリーズ敢闘賞
2006 年 904 試合連続フルイニング出場の世界新記録を達成。安打、打点、本塁打、
        四球で歴代 TOP10 入りを果たし、すべての記録で現役最多記録保持者となる。
        右投げ左打ちの打者としては歴代 NO.1 の本塁打を誇る
2012 年 現役引退（10 月 9 日、2578 試合目）。チームのムードを大事にする人柄より
        「アニキ」として親しまれ、多くのファンに愛されてきた
2016 年 阪神タイガース監督就任（2016～2018）
2018 年 野球殿堂入り

始めるぞ!!

第２章

人生設計ＭＡＰの作り方レクチャー

この章では、人生設計MAPの作り方を説明していくぞ！

夢や目標の実現は、ただ決めただけでは、かなわない。

そのためには、何が必要で、何を実行し、

そしてその先にはどんな未来があるのか、誰がハッピーになるのか？

それらを設計し見える化することで、

夢への階段が出来上がる、あとは、登るだけ！

頭を空っぽにして、Next page！

まずはじめに私の 人生設計MAPを紹介するぞ

> これは私が、37歳（2015年）の時に描いた人生の地図。
> 私は人に何かを教えることが好きでした。
> 経営塾をつくりそこに1000名の生徒がいる
> そんな世界を想像したらわくわくしました。

情報収集	PL/BS/CF	利益1億円	人生設計	本体100億、グループ10億×20社	大坂先生に聞く	最高の新卒採用	ステージの用意	ビジネスモデル
実行力をつける	経営力	社長1000人と会食	大坂塾へ30名紹介	RSHD 年商300億円	社員教育	内観	20名GRP会社社長にし成功させる	資金力
ビジョン	マネジメントカ	オリジナル事業を立ち上げる	社員500名	店舗100本体で50億	M&A	社長の免許証	社長教育	実績
夢を持つ	読書	社員を愛する	経営力	RSHD 年商300億円	20名GRP会社社長にし成功させる	世に感動を与える企業	本を出す	カンブリアに出る
最高の笑顔	人間性	感謝を見つける	人間性	経営塾塾生1000名	社会的存在価値	納税	社会的存在価値	離職率を下げる
軸を持つ	信頼を得る	いい格好しない	幸運	健康長寿	日本に「ドイツ・ティアハイム」を作る	講演依頼	新聞掲載させる	感謝の手紙を1000通もらう
ポジティブ	人助け	礼儀	90歳まで生きる	65キロ	体脂肪15%	ドイツに行く	寄付する	土地を探す
好き嫌いをなくす	幸運	恩は恩で返す	コンビニ弁当を控える	健康長寿	人間ドック	日本にまず作る	日本に「ドイツ・ティアハイム」を作る	政治家と知り合う
努力し続ける	一日一善	筋を通す	運動	○○何段	骨年齢30代	募金者1万人	有名人と知り合う	動物×人

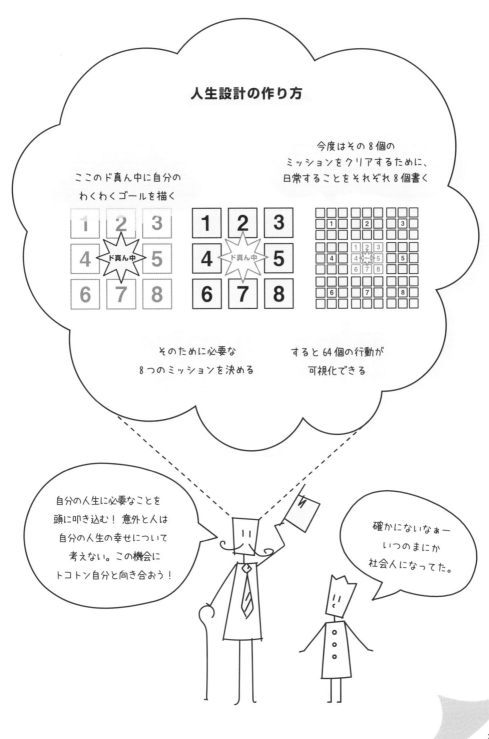

次の
ページから
具体的な作図
方法を見ていこう

STEP 01 考える

①	②	③
④	幸せな家庭	⑤
⑥	⑦	⑧

まずは自分が〇年後に
わくわくする姿を考える。
それをド真ん中に書き込む

例

幸せな家庭
起業する
年間成績１位
年収１０００万
結婚する
億ションに住む
庭付きマイホームを買う
父・母を超える
最高の母になる
部長になる

なんでもなら
こんな感じかな？

STEP 02 書く

① 仕事	② お金	③ 趣味
④ 運	幸せな家庭	⑤ 人間性
⑥ 住まい	⑦ 親	⑧ 健康

次にそのド真ん中を達成するた
めに手に入れたいカテゴリーを
書きましょう。（できれば）時間
軸が早いものから順に１〜８を
埋めていこう

〝ド真ん中〟

幸せな家庭

例

健康	趣味
人間力	家族
仕事	住居
資産	社会貢献
経営力	運
メンタル	自立

STEP 03 具体的

① 成績1位	② 独立する	③ 趣味
④ 運	幸せな家庭	⑤ 人間性
⑥ マイホームを買う	⑦ 親に実家リフォームプレゼント	⑧ 健康

STEP2で決めたことを
さらに具体的に書いてみよう。
無理に具体的に書く必要は
ないよ

具体的な方が人生設計は進む

仕事 ⟶ 成績1位

STEP 04 拡 散

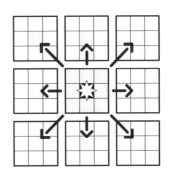

64個の行動目標

図のように、8個の目標を
外側のブロックの真ん中に書き
それを達成するために
8個の目標を書く

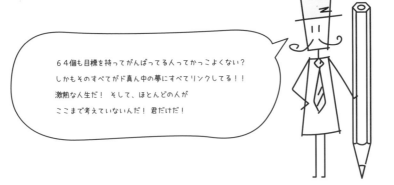

64個も目標を持ってがんばってる人ってかっこよくない？
しかもそのすべてがド真ん中の夢にすべてリンクしてる！！
激熱な人生だ！ そして、ほとんどの人が
ここまで考えていないんだ！ 君だけだ！

次が
もっとも
大事な
ミッション！

日付を決めることで、

行動が　ぜ―――ん、ぜん！！　変わる！

情報収集 2つ以上事業を立ち上げる	PL/BS/CF 自己資本比率35%	利益1億円 40歳	人生設計 永遠	本体100億グループ10社×20社 50歳	大坂先生に聞く 38歳	最高の新卒採用	ステージの用意	ビジネスモデル
実行力をつける	経営力 1	社長1000人と会食 45歳	大坂塾へ30名紹介 38歳	RSHD 年商300億円 50歳	社員教育 教育制度確立 40歳	内観	20名GRP会社社長にし成功させる 50歳	資金力
ビジョン 理念と事業の整合性	マネジメント力	オリジナル事業を立ち上げる 40歳	社員500名 45歳	店舗100本体で50億 45歳	M&A 5社 5億 50歳	社長の免許証	社長教育	実績
夢を持つ	読書	社員を愛する	経営力 1	RSHD 年商300億円 50歳	20名GRP会社社長にし成功させる	世に感動を与える企業	本を出す 50歳	カンブリアに出る 55歳
最高の笑顔	人間性 4	感謝を見つける	人間性 4	経営塾塾生1000名 55歳	社会的存在価値 5	納税	社会的存在価値	離職率を下げる
軸を持つ	信頼を得る	いい格好しない	幸運 6	健康長寿 7	日本に「ドィツ・ティハイム」を作る	講演依頼	新聞掲載させる	感謝の手紙を1000通もらう
ポジティブ	人助け	礼儀	90歳まで生きる	65キロ 40歳	体脂肪15% 40歳	ドイツに行く 40歳	寄付する	土地を探す 50歳
好き嫌いをなくす	幸運 6	恩は恩で返す	コンビニ弁当を控える	健康長寿 7	人間ドック	日本にまず作る 55歳	日本に「ドィツ・ティハイム」を作る	政治家と知り合う
努力し続ける	一日一善	筋を通す	運動	○○何段(級) 40歳	骨年齢30代 40歳	募金者1万人 54歳	有名人と知り合う	動物×人

経営塾
1000名への
想い

人は悩みを抱えている。
それを解決してあげることができれば未来が見え、
わくわくした毎日を生きることができる。
たくさんの人の悩みを解決しわくわくな日常を提供する。
そんな塾を開き感動・感謝・笑顔を広げる！

ここには、ド真ん中への
想いを書こう

500円玉貯金が できる人!! or できない人の行動の違い

✕ できない人の場合　いつか100万円を貯めようと貯金を始めた人は

500円玉があったら貯金箱に入れよう・・・(終)

〝貯められない・・・。〟

◎ できる人の場合　2年後に100万円貯めようと決めた人は

2年後 100万 500 ×??枚	=	1年 ➝ 50万 1ヵ月 ➝ 4万 1日 ➝ 1300円〜	=	1日 500 ×3枚

今日3枚の500円玉を手に入れないといけない ことに

気づき、すべての買い物で500円玉が手に入るようにする

この行動の違いは人生にも大きく通じる

日付が決まると自動的に計画が生まれる
だからこそ人は行動できる!!

〝ブヒッ〟

では
その計画を
つくるぞ

計画で重要なのが、測定可能もしくは判定が可能なルール化です
なるべく数値化することが重要です。
下記の私の例を見て参考にしてね。

ピックアップ **1**

情報収集 2つ以上事 業を立ち上 げる	PL/B1/CF 自己資本比 率35%	利益1億円 40歳
実行力を つける	**1** 経営力	社員1000人 と会食 45歳
ビジョン 理念と事業 の整合性	マネジメン ト力	オリジナル 事業を立ち 上げる 40歳

目標01　利益1億円　2018年

計画01　そのために社員の生産性向上、そのために旬な商材の入手が必須、情報収集を徹底し、生産性が2倍になるようにする。

目標03　社長1000人と会食

計画03　さまざまな社長と情報交換し成功ノウハウを入手する。学ぶことを忘れない。

目標02　実行力をつける

計画02　実行力を証明するには結果しかない。よって四半期に1つ、結果的に新しいものを創る。

目標04　オリジナル事業を立ち上げる

計画04　ビジョン達成のためにも新事業をやる、飲食店でもその他事業でも社員が輝けるフィールドを提供する。40歳までに。

ピックアップ **2**

夢を持つ	読書	社員を 愛する
最高の笑顔	**4** 人間性	感謝を 見つける
軸を持つ	情報を贈る	いい格好 しない

目標04　読書

計画04　視野が広がり、固定観念を払拭することができる。東京への移動時、1冊読む。

目標06　最高の笑顔

計画06　最高の笑顔とは、相手がいて、はじめて生まれる。感動してもらった瞬間、感謝を伝えた瞬間。日々1人以上を最高の笑顔にする。

目標05　感謝を見つける

計画05　たくさんの感謝が日々落ちている、そこに目を向けるための指標は日々のありがとうと言う数。1日にありがとうを3回言う。年間1095の感謝の発見。

目標07　社員を愛する

計画07　社員と向き合い、夢を聞きその実現を全力サポート。だからこそ社員を知る、よって家庭訪問する。

もっとも大切なのは、具体的な目標達成計画です

ここ！が大事、ここができたら 人生設計の **達成率90％**

あとの **10％** は実行するだけ！

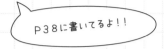

P38に書いてるよ！！

目標01　利益1億円　2018年

計画01

年	2016年	2017年	2018年
利益	¥25,000,000	¥50,000,000	¥100,000,000

目標03　社長1000人と会食

計画03

年	2015	2016	2017	2018	2019	2020	2021
年齢	37	38	39	40	41	42	43
会食人数	100	220	340	460	580	700	1060

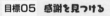 そのためには

月8.5社
週2.5社
2、3日に1回

心が折れても、
あきらめるな！！

目標05　感謝を見つける

計画05

年	2015	2016	2017	2018
年齢	37	38	39	40
感謝の数	1095	2190	3285	4380

ほとんどの人がここで挫折する！！ ここが、がんばりどき！

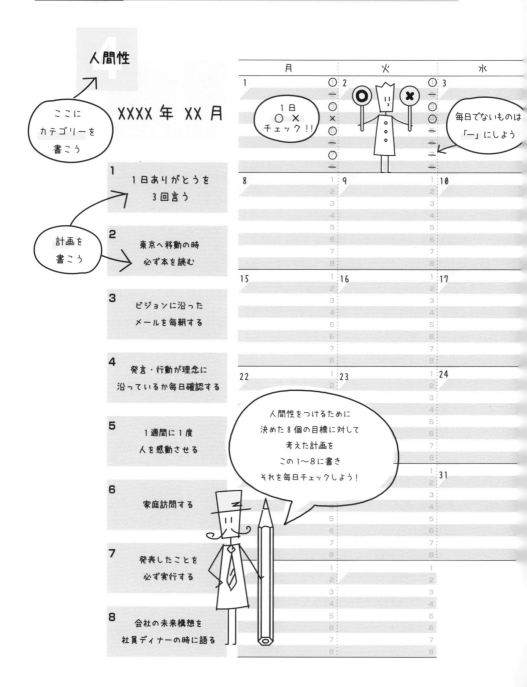

人間性 4

XXXX 年 XX 月

ここに
カテゴリーを
書こう

計画を
書こう

1　1日ありがとうを
　　3回言う

2　東京へ移動の時
　　必ず本を読む

3　ビジョンに沿った
　　メールを毎朝する

4　発言・行動が理念に
　　沿っているか毎日確認する

5　1週間に1度
　　人を感動させる

6　家庭訪問する

7　発表したことを
　　必ず実行する

8　会社の未来構想を
　　社員ディナーの時に語る

	月	火	水
	1	2	3

1日
○ ×
チェック!!

毎日でないものは
「ー」にしよう

人間性をつけるために
決めた8個の目標に対して
考えた計画を
この1〜8に書き
それを毎日チェックしよう!

	木	金	土	日
×	4	5	6	7
÷				
○				
×				
÷				
÷				
÷				
	11	12	13	14
	18	19	20	21
	25	26	27	28

合格ラインは80％以上、
もう少し意識しよう！ ラインは50％、
意識不足ラインが30％以下だよ

○の合計を出し、
達成率を出そう。

	/	%
1	27 / 30	90
2	4 / 5	80
3	27 / 30	90
4	3 / 30	10
5	4 / 5	80
6	1 / 1	100
7	5 / 5	100
8	9 / 10	90

評価点

①③はかなりできた。それにより
社員の行動が少し変わった気がする。

● **改善点**

④毎日の確認を おこたった
来月はもう少し意識する。

なかなか計画が埋まらない人への
ワンポイントアドバイス

ポイント
1
埋まらない項目の
タイトルの本を探して読む
（ネット検索もOK）

ポイント
2
目標を達成したことの
ある人の話を聞く

ポイント
3
正解、不正解ではなく
自分が思ったことを書く

人生設計MAPのまとめ

大事なことはできる・できないではなく
こんな風になれたらわくわくするなー
こんな自分になれたら
最高だなと思うことを書くんだ！

『目標や計画を明確に紙に書き出す重要性』
ハーバード大学の話

問 ハーバード大学MBA（経営学修士）コースの学生に質問。
未来について明確な目標を紙に書き、
それを達成するための計画を立ててますか？

解答

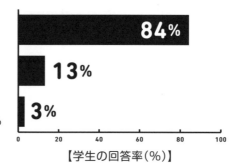

A 目標がない　　**84%**

B 目標はあるが、それを紙には書いていない　**13%**

C 目標があり、かつ、それを紙に書いている　**3%**

0　20　40　60　80　100
【学生の回答率(%)】

その10年後の平均年収の調査

●**目標はあるが
紙には書いていなかった** Bの卒業生は、
目標がないと回答した
Aの卒業生の2倍の収入を得ていた。

●**目標があり
紙にも書いていた** Cの卒業生は、
Aの卒業生の10倍の
収入を得ていた。

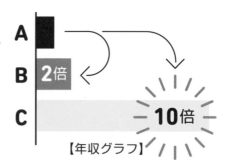

A
B **2倍**
C **10倍**
【年収グラフ】

MEMO 素晴らしい目標でも漠然としていてはかなわない。
必要なのは明確で具体的、文章・絵・数値化し、
測定可能なところまでの計画！
それさえあれば目標は実現する！

『脳科学観点の話』
カラーバス効果

脳科学観点から見たとき、
カラーバス効果というものがある。

カラーバス効果とは

　ある特定のものを意識し始めると関連情報が自然と
　目に留まりやすくなる心理効果のことだ！

例えば通勤途中やTVをみてる時でも、情報が入ってくる、つまり
６４個の夢をかなえる重要なミッションの情報などが
どんどん入手できるのです！

紙に書く、夢をビジュアル化するって

ホントにすごいこと！

同じ生活でも意識した瞬間、日常が変わる。

わくわく watch シートを作成しよう

次に、人生設計ＭＡＰを本物にするために絶対に
すべきことが１つある。それがわくわくwatchシートだ！

夢は決して一人の力ではかなわない

誰かのために。そんな想いが自分の力を最大限に発揮させてくれるのです。

例えば、★**年収1000万円**という目標の裏にあるのは、

①高級車に乗る　　②移動が楽しい　　③彼女を乗せる　　④彼女が喜んでくれる
　役職がついている　　会社でのやりがい　　実家をリフォーム　　親が喜んでくれる
　タワマンに住んでいる　毎日気分がいい

自分が掲げている夢が手に入った時、たくさんの信じられない感謝の気持ちが溢れ出すでしょう。

夢は、自分のため、そして人のため、この2つが重なることによってかなうのです。

そこで未来の予習をするのがわくわくwatchシートだ！

実はこれこそが、夢に手が届く人に必ずある共通点なのです。

夢がかなったとき

①には、自分にはどんなリアルな現実が起きているか？

②には、その時にどんな感情になっているか？

③には、大切な誰かにどんなリアルをプレゼントできているか？

④には、その時、大切な人はどんな感情になっているか？

それを書き出して
みましょう！

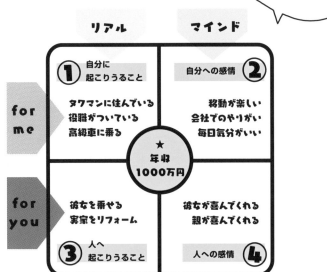

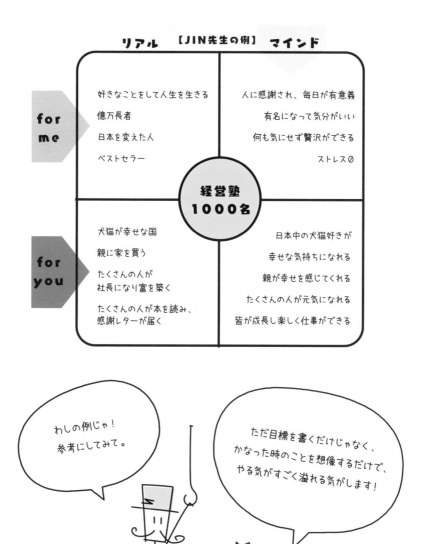

リアル　【JIN先生の例】　マインド

for me

好きなことをして人生を生きる
億万長者
日本を変えた人
ベストセラー

人に感謝され、毎日が有意義
有名になって気分がいい
何も気にせず贅沢ができる
ストレス0

経営塾
1000名

for you

犬猫が幸せな国
親に家を買う
たくさんの人が
社長になり富を築く
たくさんの人が本を読み、
感謝レターが届く

日本中の犬猫好きが
幸せな気持ちになれる
親が幸せを感じてくれる
たくさんの人が元気になれる
皆が成長し楽しく仕事ができる

わしの例じゃ！
参考にしてみて。

ただ目標を書くだけじゃなく、
かなった時のことを想像するだけで、
やる気がすごく溢れる気がします！

一番弟子（ほーじー）の人生設計MAPを紹介するぞ

新卒1年目22歳のときに最初に書いたもの。彼はこれを忠実に実行し
25歳で代表取締役社長。憧れのレクサスに乗り夢実現に向けてまっしぐら！

身に付ける物に必ず1つレッドを入れる	1日に10回以上ポジティブ発言	毎晩15分の1日振り返り	毎週末は1週間の話をする	100万円を使える人に26歳4月4日になっておく	毎週末必ず会う	24歳の3月31日までに昇格	25歳の3月31日までに昇格	先見性を会長からイベント毎に盗む
明るい曲を毎日聴く	1日に1回以上人を笑わすポジティブ発言	毎朝の掃除	11月27日は盛大に祝う	26歳の4月27日にプロポーズする	月1回1人単価3,000円の食事	月1回以上海斗さんと独立後の話をする	26歳の4月1日に独立する	1ヶ月に最低3冊本を読む
毎朝このシートを見直す	毎朝何のためにを思い返す	1日1回誰かを笑わせる	1週間に10回以上2人で笑う	1週間に5回以上感謝を伝える	年1回は泊まりの旅行する	毎年50名以上の人に納得のいく就活を	30人以上の社長と名刺交換する	本で学んだことを2個以上実践
会長と半年に1回以上プライベートをお供させて頂く	海斗さんと3ヵ月に3回以上食事に行く	尾川研斗と2ヵ月に1回遊ぶ	1日に1回以上人を笑わすポジティブ発言	26歳の4月27日にプロポーズする	26歳の4月1日に独立する	粗利目標3500万円達成する	1週間に3人以上の学生と会う	1週間に1回以上父に仕事の話をする
会長、海斗さんと1年に1回ゴルフに行く	最大限信頼できる人を5人作る	沙理菜を月に200回笑わす	最大限信頼できる人を5人作る	父を超える父になる	26歳までにレクサスRXに乗る	24歳の3月までに昇格する	26歳までにレクサスRXに乗る	レクサスという単語を1週間に10回言う
半年に10人以上と食事する	尾川研斗と仕事をするために月に1回以上は現状共有	沙理菜と年1回は泊まりの旅行する	50歳までに子どもを全国の舞台に	30歳までに野球界での就職オールマイティーになる	毎月学生1人以上に食事をご馳走する	社外の人と月3人以上と会う	月の出費1万円浮かす	毎日ゴミ3個以上拾う
1シーズンに1回はプロ野球観戦に行く	子ども2人以上、4人以下	息子が生まれたら9歳の誕生日までに野球をさせる	30歳までに日本学生登録3000人以上	30歳4月1日までにプロ野球全球団08と繋がりつくる	30歳4月1日にプレーヤーのお手伝い	学生1人に対して10回以上のありがとう	学生1人に対して10回以上褒める	月に5人以上の学生と会う
1週間に3日はプロ野球を見る	50歳までに子どもを全国の舞台に	娘だったら何か打ち込めることを9歳までに始める	27歳4月1日までに東北、九州に100人ずつ登録	30歳までに野球界での就職オールマイティーになる	29歳4月1日までに第2の人生サポート	学生1人に1人以上出会いの仲介	毎月学生1人に食事をご馳走する	学生1人に対して10分以上に學を聴き、語る
月に1回以上バットを振る	月15回以上夜は家族とご飯を食べる	月15回以上は家族でご飯を食べる	26歳4月1日までに関東学生200人登録	26歳4月1日までにインバウンドで登録15名	27歳4月1日までに中途登録200名	学生1人に対して5回以上本気の握手	学生1人に対して3回以上の爆笑	月に1人以上新しく学生と出会う

父を超える父になるに至った想い

結論から言うと憧れです！小さな頃から遊んでもらうことが少なく、とても厳しい父親でした。私は小学生から大学まで、野球をさせて頂きました。大学生になり父親が野球がしたくてもできなかったことを知り、自分が小学校から大学まで野球をさせて頂いたことに当たり前では無く、自分もそうしていけるようになりたいと思いました。社会人になり、仕事の難しさや大変さを知ることでより一層父親の偉大さを感じました。そして学生さんと日々接することで、自分の家族だけではなく、学生さんにも力になることが父を超えることに繋がるのではないか？そしてその行動をすることが両親への恩返しと思い、夢へと変わっていきました。だからこそ恩返しの革命を起こす！

人生設計 実行者 Q & A

Q.64マス埋める時に何を意識したの？
また、埋めるためにどんな努力をした？

A.自分がわくわくすること、そして誰のためになるか？
を考えて書いてみてそれが最善の道、事柄なのか確かめる
ために、目標を達成している人に聞いて回りました！

Q.全部埋まった後に
すぐ実行できた？

A.実行できました！ マスによっては、
埋めながら実行していました！

Q.いろいろ達成していく中で
どんな気持ちになった？

A.とにかく幸せです！ また達成したい！
その気持ちが湧いてくるので、常に人生がわくわくで
溢れています！！

人生設計のよいところは

①視野が広くなる！　　⑤人との繋がりが広くなる！
②わくわくが止まらない！　⑥決断、判断が早くなる！
③恩返しを実感できる！　⑦失敗＝成功になる！
④同志が増える！　　　⑧自信がつく！

まだまだ挙げたらきりがないですが、
僕が人生設計をやってみて感じたことです！

わくわくが起こす奇跡

2019年7月28日 全国高等学校野球選手権・島根県大会
甲子園出場をかけた決勝戦で、わくわくが起こした奇跡のお話です。

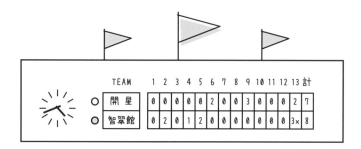

TEAM	1	2	3	4	5	6	7	8	9	10	11	12	13	計
○ 開星	0	0	0	0	0	2	0	0	3	0	0	0	2	7
○ 智翠館	0	2	0	1	2	0	0	0	0	0	0	0	3x	8

島根県内で最強と名高い甲子園最多出場の開星高校に食らいつく石見智翠館高校。
試合は8回を終え、石見智翠館が優勢で2−5。キャプテンの関山君はこの時
「3点差ある！ 甲子園に行ける！ 夢の実現だ！」と、
わくわく どきどき していた。

しかし！！ さすが強豪開星高校！！ ここで猛反撃。
なんと3点奪われ、9回表で5−5の同点に追いつかれてしまったのだ！
灼熱の日差しの中、ゲームは動かず、延長10回・11回・12回同点のまま
13回に入った。暑さもあり選手たちには疲れが見え始めた。

カキーン

13回表　開星高校　逆転の2ランホームラン
ここにきて2点奪われ、7−5。

終わった…

絶望感に襲われながら、選手たちはベンチに戻り監督の顔をそっと見上げた
そんな中、監督の放った一言が奇跡の始まりだった。
「おまえらよかったな、おまえらが奇跡を起こせる場所つくってくれたやんけ！
あとはおまえらが伝説つくるだけや」
その瞬間、プレッシャーに押し潰されそうだった
全選手が「おっしゃー！ いくぞ！ 伝説つくるぞ！！」

絶望からわくわくへ変わり、一気に士気が上がったのです。

そこから、6連続ヒットを放ち、同点7−7、そして2アウト満塁になりました！
ベンチからも歓声が湧き、全選手のわくわくのボルテージは最高潮！
そして、最後は押し出しのフォアボールで見事7−8の大逆転！

劇的なサヨナラ勝ちを収めたのです。

わくわくの成功体験者

関山愛瑠斗(あると)くん
2001年生まれ
石見智翠館高校(野球部主将)
出身(現在、同志社大学在籍中)
2019年 高校野球島根大会決
勝で石見智翠館は開星との延
長13回に及ぶ激戦をサヨナラ
で制して、4年ぶり10回目の
優勝を果たし、全国高校野球選
手権大会に出場

監督の普段のイメージは？

普段は選手が近寄れない雰囲気です。怖くて近づけない。監督へのプレッシャーで緊張してミスしてしまいそうなくらい怖かったです。 関

 監督の変化は？

2019年の年明けにある講演を聴いて、そこでわくわくすることが奇跡を生むということを学んだそうです。 関

 決勝8回まで5-2で勝ってた。9回で抑えれば甲子園出場という正念場で3点取られた時の気持ちは？

ホンマに終わった......と思いました笑　やっぱり甲子園は簡単じゃないんや、と思いました。同時に監督に申し訳ないなとも思いました。 関

 13回表で点取られた時の気持ちは？

これはもう無理やなって正直思いました。 関

 13回の時の監督の言葉を聞いてどう思った？

確かにそやな！と思った。伝説つくるぞーっ！ってホンマに一気にみんなの士気が上がりました！ 関

 13回裏 同点で2アウト満塁の時の気持ちは？

全員がベンチを越えて声が枯れるほど全力で応援しました！ 関

 逆転優勝した瞬間の気持ちは？

もう自然と涙が溢れて、とにかく感動しました。わくわくが生み出す奇跡を体験できました。 関

あの時、もし監督がプレッシャーを与えるようなことを言っていれば、選手は硬くなり逆転勝利という伝説のドラマは生まれなかったのではないでしょうか？わくわくの力は、とても大きなものです！

JIN先生からみんなへ

日常をどうわくわく
生きることができるか?

これが私のみなさんに伝えたいテーマです。

日本の現状はご存じでしょうか?

ある調査によれば、会社の倒産率が10年以内に93.7%、仕事に自信があるかどうか22ヵ国で調査したところ、自信がある方は最も少なく最下位、自分に自信があるという方はアメリカの約半分でした。

この原因の1つに、私は「自分の幸せ」について考えたことがないまま社会に出る人が非常に多いということがあるのではないかと考えています。

自分の幸せを考えないまま社会の流れに乗って年をとっていく。

自分の幸せとは何か?

幸せになるために自分は何を目標に置き、どう行動していけばいいのか?

人生設計をして生きているのと、せずに生きていくのでは大きな差が出ると私は体験から学びました。

どんな建築物やどんな製品もすべて設計図があり、それをたくさんの人が協力してがんばってつくったからこそ具現化している。

見えているものは1つの物にすぎないが、そこにはたくさんの想いや感謝や愛が詰まっています。

人生も同じ。

一人でかなう夢なんて存在しない。

たくさんの人の助けがあってはじめて夢が実現する、だからこそ夢があってはじめて夢がん。

そうすればたくさんのラッキーが舞い込み、いつのまにかどんどん夢が進行していくのを実感できます。

この実感が自信に変わり、そしてまた夢の加速へと繋がります。

まだまだ続く長い人生、しっかり自分の幸せを描き自分の夢の卒業式を設定し、わくわくな日常を楽しもう!

HAPPY

LUCKY

EXCITING

DREAM

金本知憲さんからみんなへ

実は私は野球が大好きではなかった

小学生のころリトルリーグで練習がきつくてやめた。中学校3年生の時、はじめてプロ野球選手になりたいと思った。正直練習は小学校のころの比じゃないぐらいきつかった。でもやめずにがんばることができた。

おもしろいよね。夢を持ってから練習がきつくてもやめていない。夢を持って なかった小学校の時はすぐやめたのに。夢がかなった時のわくわくが、すべてを変えてくれることを知った。

（JIN先生）

2年やらないと道すら見えてこないんだね。

成果が見え始めたのが3年目。ヒットを打ちたい、ホームランを打ちたい、そう思って努力すると知らない間に実力がついてくる、結果が出てくる。すると目標が変わってくる。目標設定もアップする。

（JIN先生）

最初は小さい目標でもアップデートしていくうちに、誰もできない大きな目標となり、そしてそれが伝説をつくるんだね！

そしてプロになれた！

しかしプロになった瞬間、これはダメだと思った（レベルの高さに）。守備もうまくならないし、成長できず心が折れて、やめようかなと思った。でも心をリセットして目標を見直してやり直す、いくら悩んでも立ち直る─（それができるのは夢があるから）。この時の夢は、せっかくプロになれたんだ！ レギュラーになって、お金を稼いで、いい家に住んで、いい車に乗る！ 夢のためにとにかく練習しまくった、

そして僕は阪神に移籍しました。ここでたくさんの大記録を出せました。この時は「星野さんについていくしかない！ この人を男にしたい！ という思いで戦ってました。

（JIN先生）

僕が結果を出せたのは僕が決して天才とか才能があったからではありません。たくさん悩んで、苦しんで、それでも夢の実現のために、ひたすらだれよりも練習し、努力し、たくさんの人に支えられた結果です。

すごいぞ！ これぞ「わくわくwatch」。自分が結果を出すことで、誰が喜び、誰が幸せを感じてくれるのか、それを見える化することにより、がんばる理由が増大するんだね！

すべては自分次第

どんなことがあってもそれでええと思って逃げたら、そこで終わりでいくだけ。とにかく足を踏み入れた以上、3年は逃げずに誰よりも努力をしてみ。どえらい力がついてるで。

人生設計 MAP のつくり方

達成率

 STEP 01 夢を考え埋める

5%

 STEP 02 日付を決める

10%

計画1	計画2
計画3	計画4
計画5	計画6
計画7	計画8

 STEP 03 計画とルールを考える

ここで脱落してしまう人が多い！
ここが踏ん張り時！ 踏ん張れ！！

90%

  STEP 04 わくわくwatch シートを埋める

95%

 **STEP 05** 人に言いまくる

100%

この5STEPを意識しあなたの人生設計MAPを作成して実践していこう。
64個の目標をいっきに実行するのが難しい場合は、
一番自分が大事だと思うカテゴリーから徹底的に1ヵ月ずつやっていこう！
8ヵ月間ですべてのカテゴリーが進むよ！ あとは実行だ。
本当の理解とは、後からついてくる。行動しなければ、何も生まれないし、
何も変わらない。まずは自分のわくわくなド真ん中を発見しよう。
これまで、自分の幸せについて真剣に考える時間があったかな？
さぁこのBOXが埋まればわくわくな人生の冒険が始まります。

人生設計を実践し身につく
12個の力も同時に紹介していくぞ！

12個の力

☆☆☆☆☆☆☆☆☆☆☆☆

01	02	03
解釈力	**継続力**	**偶察力**
チェンジマン	歯磨き君	ラッキーハンター

04	05	06
閃き力	**可視力**	**ブランド力**
キラーン君	バードアイちゃん	ヴィトン君

07	08	09
実行力	**感謝力**	**向き合う力**
しくじり君	ありがとマン	知ル知ル君

10	11	12
頼り力	**変化力**	**本質力**
タヨリーナ	カメレオン君	根っこちゃん

第3章

実践編

実践編では入学や入社をイメージし、4月から人生設計を実行していく仕様にしてあるよ。64個の計画すべてを同時に進行することは難しいため、4月から1ヵ月ずつ実行していこう。

※何月から始めてもいいよ

8ヵ月、1つずつ8個のカテゴリーを徹底的に実行すれば、新しい自分が必ず見えてきます。

次章はアップデート編で実践していこう。

金本さんのコメントは
長い野球人生において
入団からの1年を振り返って
アドバイスしてくれてるよ!!

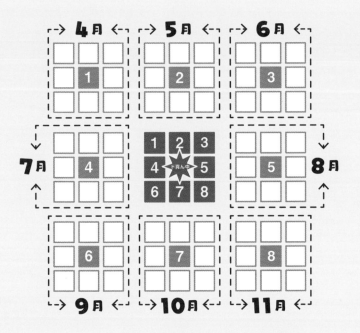

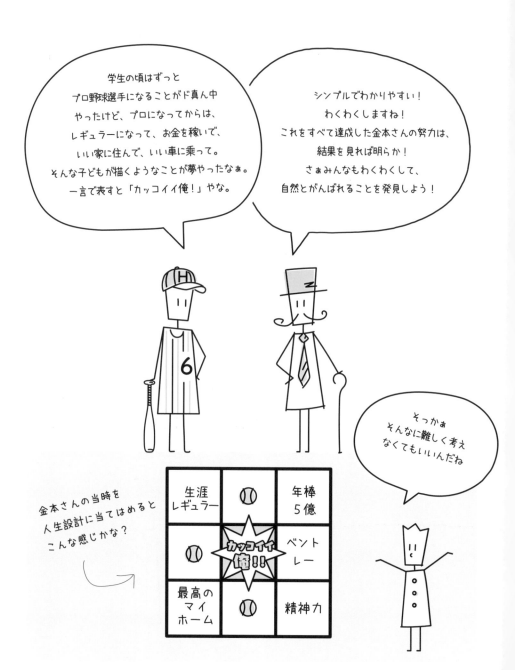

No.0（ド真ん中）

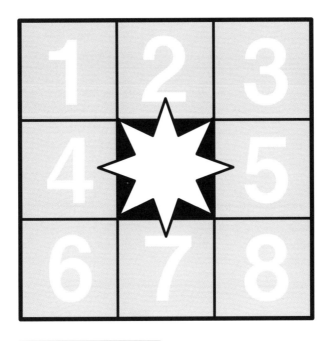

● 参照 P18 の STEP01・STEP02

考えて考えて考えまくろう！
昔どんなことが好きだったか？ とかもヒントになるかも。
わくわくを軸に!!
そして自分にとって幸せに欠かせないものを8個見つけ出そう！
時間軸が短いものから順に1から8を埋めていこう。

No.1

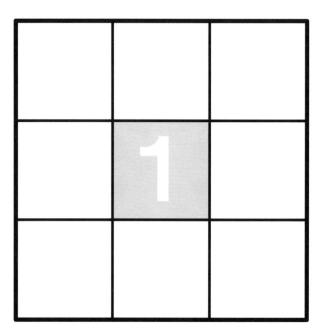

● 参照 P19 の STEP03

● MEMO

前ページで埋めた8個を具体的に書いてみよう。
無理に書かなくてもよい! 自分のド真ん中をかなえてくれる
重要なパーツだ! しっかり考えよう。

わくわくwatchシート

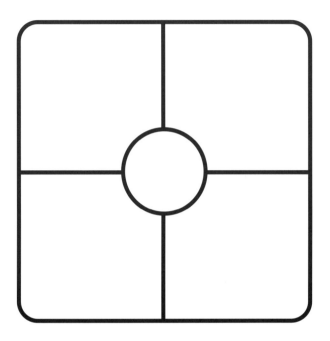

参照 P30

MEMO

夢や幸せは決して一人ではかなわない。
人は人の中にいるから人でいられる。
自分の夢がかなった時、大切な人も幸せになれる！
そんなわくわくを想像しよう！
ここには、先にP46・P47を埋めてから書いてもいいぞ！

日付

/　　　/

● 参照 P19 の STEP04

● MEMO

さぁ人生設計図をつくるぞ！
無理に埋めないこと、これから夢を
かなえるために生きていく中で
たくさんの発見や気づきがある。
その際に埋めていく。
大事なのは「納得感」！
全部埋まった人はP158までワープ。
なかなか埋まらない人はこのまま1ヵ月
目標をやり切る習慣をつけていこう！！

● 想い

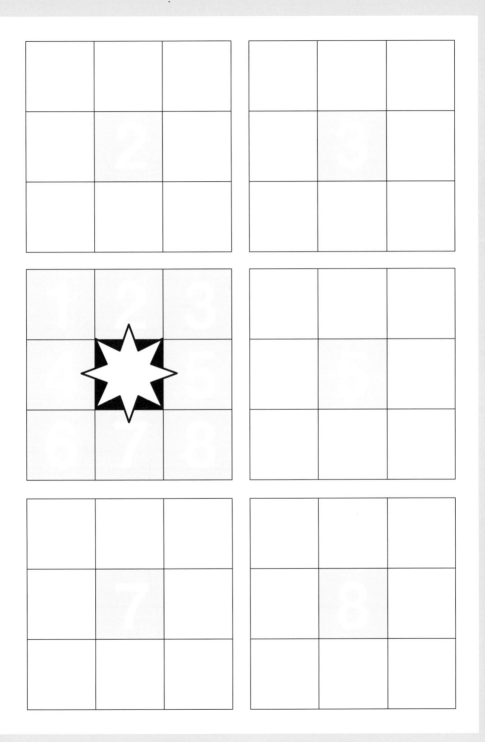

01

★ ★ ★ ★ ★ ★ ★ ★ ★ ★ ★ ★ ★

解釈力

チェンジマン

解釈力とは、

物事をどのように受け止めて、
どのように考えるかという能力のことだよ。

子どもの頃に見ていたテレビドラマやアニメを大人になって改めて見ると、
子どもの頃には気づかなかった細かなストーリーや背景、
さらには作者の意図まで見えたりしないかい?
それは子どもの時よりも君の解釈力が上がったからだよ。
子どもと大人では解釈力が違うから、同じ番組でも
受け止め方がまったく異なるんだよ。

仕事でたとえると、
会社で上司にきつい言葉で怒られた時

「今日は最悪な日だ…」と嫌な気分で1日を過ごすのか、
「なるほど! この指摘を次に生かそう!」と
プラスに変換して1日を希望に満ちて過ごすのでは、
まるで行動・成果が違ってくるよね。
嫌な出来事や気分が落ち込むことがあっても、
プラスに変換することができればHAPPYに生きられるよ。

解釈力をアップすると、必ず素晴らしい未来が待ってるよ!

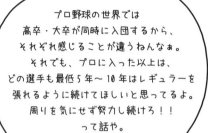

プロ野球の世界では
高卒・大卒が同時に入団するから、
それぞれ感じることが違うねんなぁ。
それでも、プロに入った以上は、
どの選手も最低5年〜10年はレギュラーを
張れるように続けてほしいと思ってるよ。
周りを気にせず努力し続けろ！！
って話や。

人生において、
はじめてのコミュニティに入ることは
たくさんあるよね。
学校も社会も、そこで周りを
軸に行動するのではなく
自分の夢を軸に行動しよう！

周りばっかり
気になるなぁー
よし、自分の夢を
もう一度マインドセット！

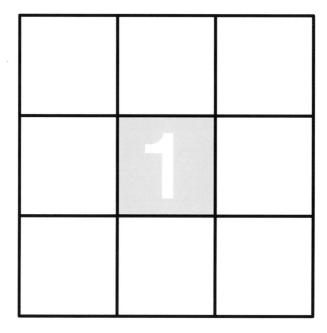

● 参照 P16

01

目標01

計画01

目標02

計画02

目標03

計画03

目標04

計画04

目標05

計画05

目標06

計画06

目標07

計画07

目標08

計画08

	1		1		1		1
	2		2		2		2
	3		3		3		3
	4		4		4		4
	5		5		5		5
	6		6		6		6
	7		7		7		7
	8		8		8		8
	1		1		1		1
	2		2		2		2
	3		3		3		3
	4		4		4		4
	5		5		5		5
	6		6		6		6
	7		7		7		7
	8		8		8		8
	1		1		1		1
	2		2		2		2
	3		3		3		3
	4		4		4		4
	5		5		5		5
	6		6		6		6
	7		7		7		7
	8		8		8		8
	1		1		1		1
	2		2		2		2
	3		3		3		3
	4		4		4		4
	5		5		5		5
	6		6		6		6
	7		7		7		7
	8		8		8		8
	1		1		1		1
	2		2		2		2
	3		3		3		3
	4		4		4		4
	5		5		5		5
	6		6		6		6
	7		7		7		7
	8		8		8		8

できたか毎日
チェックじゃ

	/	%
1		
2		
3		
4		
5		
6		
7		
8		

評価点

● 改善点

1 WEEK

01

2 WEEK

3 WEEK

周りを気にせず、まずは努力をし続けよう！

4 WEEK —————————————————————————————————

5 WEEK —————————————————————————————————

6 WEEK —————————————————————————————————

インプット / 聞いたこと / 調べたこと

アウトプット / 考えたこと / 行動すること

01

聞いたことだけメモるんじゃなくて、やることもメモろう

CHAPTER

02

★★★★★★★★★★★★★★

継続力

歯磨き君

朝と昼と晩

365 days

つまり、習慣にするということ！

「継続する」ということは、
人生が変わるぐらいすごいことなんだ！

10年以上「やる」って決めて継続できていることがある？

なかなかないよね。それはなぜか？ 答えは簡単！

継続＝努力が必要だと思ってないかい？

「やると決めた」

→ なかなか思うようにできないから「ストレスがたまる」

→ 嫌になってあきらめる

でも習慣だったら、続けられると思わない？

歯磨きみたいな習慣って、苦しい努力をしなくても毎日続けられるよね。

人は決まった行動を2週間連続で続けると慣れてくる。

行動が習慣化するまで継続だね。

習慣化できれば、
継続することができるよ！

気持ちのリセット！
もう1回がんばろう！！

No.2

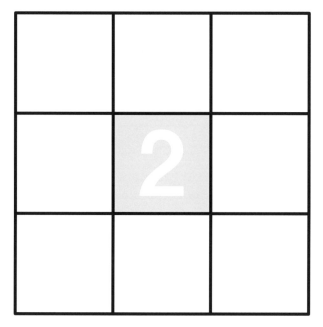

● MEMO

目標01

計画01

目標02

計画02

目標03

計画03

目標04

計画04

目標05

計画05

目標06

計画06

目標07

計画07

目標08

計画08

2

02

1

2

3

4

5

6

7

8

	1	1	1
	2	2	2
	3	3	3
	4	4	4
	5	5	5
	6	6	6
	7	7	7
	8	8	8
	1	1	1
	2	2	2
	3	3	3
	4	4	4
	5	5	5
	6	6	6
	7	7	7
	8	8	8
	1	1	1
	2	2	2
	3	3	3
	4	4	4
	5	5	5
	6	6	6
	7	7	7
	8	8	8
	1	1	1
	2	2	2
	3	3	3
	4	4	4
	5	5	5
	6	6	6
	7	7	7
	8	8	8
	1	1	1
	2	2	2
	3	3	3
	4	4	4
	5	5	5
	6	6	6
	7	7	7
	8	8	8
	1	1	
	2	2	
	3	3	
	4	4	
	5	5	
	6	6	
	7	7	
	8	8	

	1		1		1		1
2		2		2		2
3		3		3		3
4		4		4		4
5		5		5		5
6		6		6		6
7		7		7		7
8		8		8		8

できたか毎日
チェックじゃ

	/	%
1		
2		
3		
4		
5		
6		
7		
8		

評価点

改善点

067

1 WEEK

2 WEEK

3 WEEK

気持ちのリセットをする　もう1度奮起しよう！

4 WEEK ―――――――――――――――――――――――――――――――――

5 WEEK ―――――――――――――――――――――――――――――――――

6 WEEK ―――――――――――――――――――――――――――――――――

インプット / 聞いたこと / 調べたこと

アウトプット / 考えたこと / 行動すること

02

CHAPTER

03

★★★★★★★★★★★★★

偶察力

ラッキーハンター

何だかとってもツイてるように
見える人っているよね。

偶然の出来事を察知できるラッキーな人に
なるためには、ちょっとしたコツが必要なんだ。

実は幸運って、棚からぼた餅の状態とは違って、
自分で取りに行くもの なんだよ。コツを2つ紹介するよ。

まずは1つ目。

蜘蛛の巣のように、**成功したい分野のアンテナを広げておく** こと。
つまり、**チャンスをゲットできるように網を準備** して仕掛けておくってこと。

そして2つ目。

「自分はめっちゃ運がいい」と思い込んでおくこと。
「自分なんて」って下を向いていたら、ラッキーが来ても気づけないからね。
チャンスは想像もしない形でやってくるよ。
情報かもしれないし、人や物かもしれない。

ベッタベタにくっつく巨大な
蜘蛛の巣、張り巡らせて
チャンスをつかもう！

理不尽は
耐えるためにある！

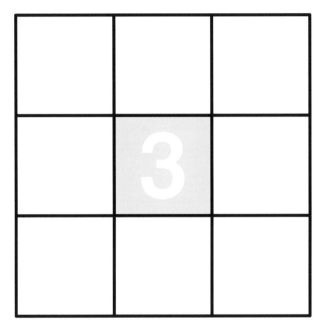

目標01
....
計画01

目標02
....
計画02

目標03
....
計画03

目標04
....
計画04

目標05
....
計画05

目標06
....
計画06

目標07
....
計画07

目標08
....
計画08

3

1

03

2

3

4

5

6

7

8

	1	1	1
	2	2	2
	3	3	3
	4	4	4
	5	5	5
	6	6	6
	7	7	7
	8	8	8

できたか毎日
チェックじゃ

	/	%
1		
2		
3		
4		
5		
6		
7		
8		

 評価点

◆ 改善点

1 WEEK ─────────────────────────────────

2 WEEK ─────────────────────────────────

3 WEEK ─────────────────────────────────

どんな業種・世界でも
「理不尽」は耐えるためにある！

4 WEEK ——————————————————————————————————————

5 WEEK ——————————————————————————————————————

6 WEEK ——————————————————————————————————————

インプット / 聞いたこと / 調べたこと

アウトプット / 考えたこと / 行動すること

★ ★ ★ ★ ★ ★ ★ ★ ★ ★ ★ ★ ★

閃き力

キラーン君

道に転がっている石も、
実はダイヤモンドかもしれない。

こうなりたい！
と未来に向かって全力疾走している時、
ふと入ってきた情報が、キラーン！と
閃きに変わったりすることがあるんだ。
その閃きが、形となり力になるんだ。
だけど、どの情報がいつキラーン！と
閃きに変身するかはわからない。
だから、常に情報を集めて、閃く準備をしておこう。

なりたい未来を
わくわくしながら想像して、
常にアンテナを張り巡らして
おくことが大切だよ。

最初の頃の
「周りとの差」なんて
まったく気にする必要なんてないよ。
1年とか3年とか、長期スパンで
結果を出すことを意識してみよう
大事なのはコツコツと
力をつけること！

勝つに越したことは
ないねんけど、
負けてもいくらでも
挽回する機会があるってことを
覚えといてほしいねん

周りがみんな成長して
いるように見えて私だけ
置いてけぼりな気がする〜

No.4

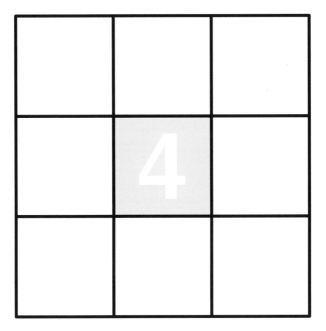

● MEMO

目標01

計画01

目標02

計画02

目標03

計画03

目標04

計画04

目標05

計画05

目標06

計画06

目標07

計画07

目標08

計画08

	1		1	1
	2		2	2
	3		3	3
	4		4	4
	5		5	5
	6		6	6
	7		7	7
	8		8	8

1

	1		1	1
	2		2	2
	3		3	3
	4		4	4
2	5		5	5
	6		6	6
	7		7	7
	8		8	8

3

	1		1	1
	2		2	2
	3		3	3
	4		4	4
	5		5	5
	6		6	6
	7		7	7
4	8		8	8

5

	1		1	1
	2		2	2
	3		3	3
	4		4	4
	5		5	5
	6		6	6
	7		7	7
	8		8	8

6

	1		1	1
	2		2	2
	3		3	3
	4		4	4
	5		5	5
	6		6	6
7	7		7	7
	8		8	8

8

	1		1
	2		2
	3		3
	4		4
	5		5
	6		6
	7		7
	8		8

	1		1		1		1
	2		2		2		2
	3		3		3		3
	4		4		4		4
	5		5		5		5
	6		6		6		6
	7		7		7		7
	8		8		8		8
	1		1		1		1
	2		2		2		2
	3		3		3		3
	4		4		4		4
	5		5		5		5
	6		6		6		6
	7		7		7		7
	8		8		8		8
	1		1		1		1
	2		2		2		2
	3		3		3		3
	4		4		4		4
	5		5		5		5
	6		6		6		6
	7		7		7		7
	8		8		8		8
	1		1		1		1
	2		2		2		2
	3		3		3		3
	4		4		4		4
	5		5		5		5
	6		6		6		6
	7		7		7		7
	8		8		8		8
	1		1		1		1
	2		2		2		2
	3		3		3		3
	4		4		4		4
	5		5		5		5
	6		6		6		6
	7		7		7		7
	8		8		8		8

できたか毎日
チェックじゃ

	/	%
1		
2		
3		
4		
5		
6		
7		
8		

● 評価点

◆ 改善点

1 WEEK —————————————————————————————————

2 WEEK —————————————————————————————————

3 WEEK —————————————————————————————————

もし、成長していないと感じたとしても大丈夫！！
いつでも、いくらでも挽回できる！

4 WEEK ───────────────────────────────

5 WEEK ───────────────────────────────

6 WEEK ───────────────────────────────

インプット / 聞いたこと / 調べたこと	アウトプット / 考えたこと / 行動すること

04

CHAPTER

05

★★★★★★★★★★★★★

可視力

バードアイちゃん

スタート

ゴール

鳥の視点を身につけよう！

ジャングルで迷いました！
さて、どうしよう？　やみくもに歩く？

そんなことをしたら、先が見えなくて不安で心が折れちゃうよね。
でもがんばって高い木に登って、**全体を見渡せばゴールが見える！**
ゴールが見えれば2時間でも3時間でも歩ける。
なぜならば「ゴールへの道すじ」がわかっているから。
これはまさに **「鳥の視点」**。

鳥の視点とは・・・高い空まで飛んで、
ジャングル全体を見渡せる力のことだよ。

視点を変えて、問題解決のヒントを発見できたら安心できるよね。
人生も同じだよ！ ただやみくもに突っ走っても、
わくわくより不安が勝っちゃうよね。
自分の人生をいつもより高い視点から眺めてみよう。

全体を見渡して人生の
設計図をつくってみよう！

帰ってこーい笑

No.5

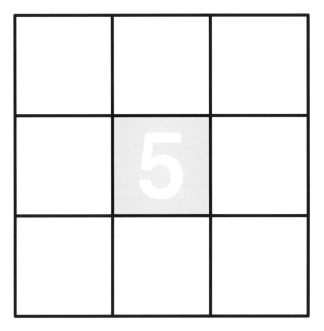

● MEMO

目標01

計画01

目標02

計画02

目標03

計画03

目標04

計画04

目標05

計画05

目標06

計画06

目標07

計画07

目標08

計画08

	1	1	1	1
	2	2	2	2
	3	3	3	3
	4	4	4	4
	5	5	5	5
	6	6	6	6
	7	7	7	7
	8	8	8	8
	1	1	1	1
	2	2	2	2
	3	3	3	3
	4	4	4	4
	5	5	5	5
	6	6	6	6
	7	7	7	7
	8	8	8	8
	1	1	1	1
	2	2	2	2
	3	3	3	3
	4	4	4	4
	5	5	5	5
	6	6	6	6
	7	7	7	7
	8	8	8	8
	1	1	1	1
	2	2	2	2
	3	3	3	3
	4	4	4	4
	5	5	5	5
	6	6	6	6
	7	7	7	7
	8	8	8	8
	1	1	1	1
	2	2	2	2
	3	3	3	3
	4	4	4	4
	5	5	5	5
	6	6	6	6
	7	7	7	7
	8	8	8	8

できたか毎日
チェックじゃ

	/	%
1		
2		
3		
4		
5		
6		
7		
8		

評価点

● 改善点

1 WEEK ————————————————————————————————

05

2 WEEK ————————————————————————————————

3 WEEK ————————————————————————————————

 帰ってこーい笑

4 WEEK

5 WEEK

6 WEEK

インプット / 聞いたこと / 調べたこと

アウトプット / 考えたこと / 行動すること

05

05

CHAPTER
06

★ ★ ★ ★ ★ ★ ★ ★ ★ ★ ★ ★ ★

ブランド力

ヴィトン君

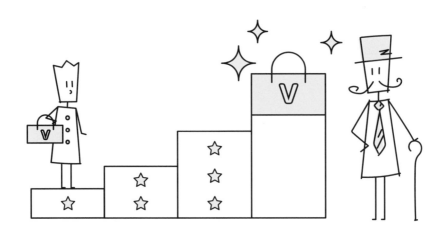

私のブランドをつくろう!

ルイ・ヴィトンのバッグやミシュラン星つきレストランのように
「ブランド」と呼ばれるものがあるよね。

価値が高いものと思われているから、
たくさんお金を払わないと買えない。

ブランドって、これまで積み重ねてきた「スゴさ」が認められ、
信頼されてつくられるものなんだ。

みんなも、何か1つの分野でいいから
自分のブランド力を高めてみよう!

最初のうちは、挨拶が爽やかだとか、整理整頓が得意だとか、
今できる範囲のことで大丈夫だよ。
次は徐々に範囲を広げて、ちょっと **ハイレベルな長所を定着** させていこう。
たとえば「ミスすることがない」「営業成績がトップ」「みんなから信用される」とか。

誰にも負けない自分だけの
「ブランド力」を獲得できたら、
一生の宝物にできるよ。

半年も経てば、いろんなことに慣れ
てきてルーティンワークに陥りがち。
NON！NON！
ダメダメ！ わくわくを思い出してみて！
今、自分が何を軸にがんばっているのか、
常に毎日コツコツコツコツ積み上げていく。
自分ががんばったこの半年を振り返って、
自分と向き合ってみよう！

慣れてくる時期。
何をしたのか、
何ができなかったのか
振り返りの時期やで！

なんだか最近、目の前の
「やらないといけないこと」
に追われてる〜
1分だけ！ 最初のページを
読み返してみよっかな

自分が何をしたのか、
何ができなかったのか振り返ろう！

No.6

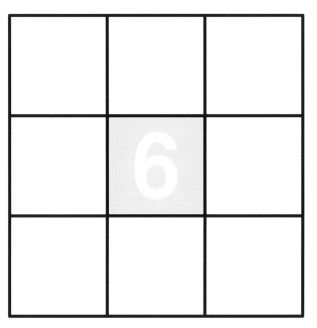

● MEMO

目標01

計画01

目標02

計画02

目標03

計画03

目標04

計画04

目標05

計画05

目標06

計画06

目標07

計画07

目標08

計画08

6

1

2

3

4

5

6

7

8

	1	1	1
	2	2	2
	3	3	3
	4	4	4
	5	5	5
	6	6	6
	7	7	7
	8	8	8
	1	1	1
	2	2	2
	3	3	3
	4	4	4
	5	5	5
	6	6	6
	7	7	7
	8	8	8
	1	1	1
	2	2	2
	3	3	3
	4	4	4
	5	5	5
	6	6	6
	7	7	7
	8	8	8
	1	1	1
	2	2	2
	3	3	3
	4	4	4
	5	5	5
	6	6	6
	7	7	7
	8	8	8
	1	1	1
	2	2	2
	3	3	3
	4	4	4
	5	5	5
	6	6	6
	7	7	7
	8	8	8
	1	1	
	2	2	
	3	3	
	4	4	
	5	5	
	6	6	
	7	7	
	8	8	

	1		1		1		1
	2		2		2		2
	3		3		3		3
	4		4		4		4
	5		5		5		5
	6		6		6		6
	7		7		7		7
	8		8		8		8
	1		1		1		1
	2		2		2		2
	3		3		3		3
	4		4		4		4
	5		5		5		5
	6		6		6		6
	7		7		7		7
	8		8		8		8
	1		1		1		1
	2		2		2		2
	3		3		3		3
	4		4		4		4
	5		5		5		5
	6		6		6		6
	7		7		7		7
	8		8		8		8
	1		1		1		1
	2		2		2		2
	3		3		3		3
	4		4		4		4
	5		5		5		5
	6		6		6		6
	7		7		7		7
	8		8		8		8
	1		1		1		1
	2		2		2		2
	3		3		3		3
	4		4		4		4
	5		5		5		5
	6		6		6		6
	7		7		7		7
	8		8		8		8

06

できたか毎日
チェックじゃ

	/	%
1		
2		
3		
4		
5		
6		
7		
8		

● 評価点

● 改善点

115

1 WEEK ───

2 WEEK ───

3 WEEK ───

今一度ここで、自分が何をしたのか、
何ができなかったのかを振り返ろう！

4 WEEK ——————————————————————————————————

5 WEEK ——————————————————————————————————

6 WEEK ——————————————————————————————————

インプット / 聞いたこと / 調べたこと

アウトプット / 考えたこと / 行動すること

実行力

しくじり君

失敗はお友達？ いいえ、親友です！

こんな話があります。
「ほとんどの人は、正しいことを言っているが、
　それを実行している人はわずか5%にすぎない」

なぜだろう？　何が邪魔をしているのだろう？

それは、「失敗を恐れている」からだよ。

違うよ、違うよ！　失敗したら終わりじゃないんだ。

失敗こそ、成長に必要不可欠なガソリンなんだよ。

失敗をすることで、人の痛みや苦しみ、

課題や難点がわかり、大きく成長することができるんだよ。

あのイチローさんの大記録も、

数えきれない失敗があるから達成できたんだよ。

つまり、失敗は"お友達"。

失敗をしたら、「わぉ！　また仲間が増えた！　幸せー！」と叫ぼう。

さぁ！
迷ってることがあれば
すぐに実行していこう！

慣れるな！ 初心に戻れ！
（遊ぶ？ 努力する？ どっちにする？）

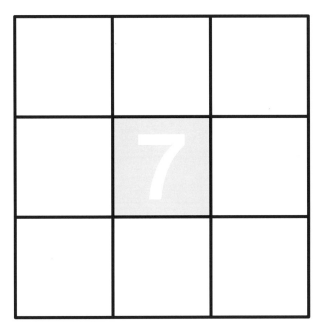

No.7

目標01
··

計画01

目標02
··

計画02

目標03
··

計画03

目標04
··

計画04

目標05
··

計画05

目標06
··

計画06

目標07
··

計画07

目標08
··

計画08

1

2

3

4

5

6

7

8

	1		1		1		1
	2		2		2		2
	3		3		3		3
	4		4		4		4
	5		5		5		5
	6		6		6		6
	7		7		7		7
	8		8		8		8
	1		1		1		1
	2		2		2		2
	3		3		3		3
	4		4		4		4
	5		5		5		5
	6		6		6		6
	7		7		7		7
	8		8		8		8
	1		1		1		1
	2		2		2		2
	3		3		3		3
	4		4		4		4
	5		5		5		5
	6		6		6		6
	7		7		7		7
	8		8		8		8
	1		1		1		1
	2		2		2		2
	3		3		3		3
	4		4		4		4
	5		5		5		5
	6		6		6		6
	7		7		7		7
	8		8		8		8
	1		1		1		1
	2		2		2		2
	3		3		3		3
	4		4		4		4
	5		5		5		5
	6		6		6		6
	7		7		7		7
	8		8		8		8

07

できたか毎日
チェックじゃ

	/	%
1		
2		
3		
4		
5		
6		
7		
8		

評価点

● 改善点

1 WEEK ───────────────────────────────────

2 WEEK ───────────────────────────────────

3 WEEK ───────────────────────────────────

慣れるな！ 初心に戻ろう！
（遊ぶ？ 努力する？ キミはどっちにする？）

07

インプット / 聞いたこと / 調べたこと

アウトプット / 考えたこと / 行動すること

07

08

★★★★★★★★★★★★★

感謝力

ありがとマン

あ　　と　　　39
り が　う

感謝力を身につけることは、
たくさんのHAPPYを見つけること。

HAPPYを見つけたら「ありがとう」と言おう。

ありがとうの数だけ、あなたの周りにHAPPYの花が咲く！
HAPPYな花がある人に、HAPPYの人が集まる！
そんなコミュニティは、HAPPYなことしか起きない。
感謝とは、当たり前をなくすことです。

奥さんがする家事は当たり前ですか？

彼女やお母さんの作るお弁当は当たり前ですか？
会社が存続していることは当たり前ですか？
そんな **ルールや当たり前なんてありません。**
あなたの中の当たり前を当たり前ではなく、感謝してみましょう。

ありがとうと思えた瞬間、すべての出来事がHAPPYに変わります！

今、悩んでることは
みんな悩んでる、人を頼れ！

No.8

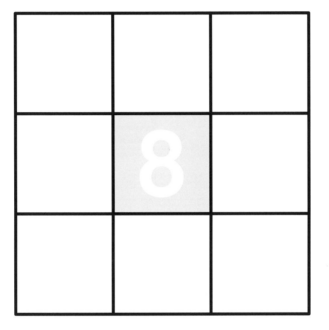

MEMO

目標01

計画01

目標02

計画02

目標03

計画03

目標04

計画04

目標05

計画05

目標06

計画06

目標07

計画07

目標08

計画08

08

8

1

2

3

4

5

6

7

8

	1		1		1		1
	2		2		2		2
	3		3		3		3
	4		4		4		4
	5		5		5		5
	6		6		6		6
	7		7		7		7
	8		8		8		8
	1		1		1		1
	2		2		2		2
	3		3		3		3
	4		4		4		4
	5		5		5		5
	6		6		6		6
	7		7		7		7
	8		8		8		8
	1		1		1		1
	2		2		2		2
	3		3		3		3
	4		4		4		4
	5		5		5		5
	6		6		6		6
	7		7		7		7
	8		8		8		8

08

できたか毎日
チェックじゃ

	/	%
1		
2		
3		
4		
5		
6		
7		
8		

評価点

改善点

1 WEEK ────────────────────────────

2 WEEK ────────────────────────────

3 WEEK ────────────────────────────

今、君が悩んでることは、きっとみんな悩んでる、人を頼れ！！

4 WEEK

5 WEEK

6 WEEK

インプット / 聞いたこと / 調べたこと	アウトプット / 考えたこと / 行動すること

08

第4章

アップデートの重要性

この章からはアップデートの重要性について話していこう。

私も何度も人生設計をアップデートしてきた、いや必然的にそうなった。
最初に描いた人生設計図を日々実行していく中で、
新しい発見や情報が入ってくる。
そうすると、64マスの目標が自然とより良い方へアップデートできる。
もちろん捉え方や考え方も、どんどん成長していくので、
より具体的でわかりやすい人生設計図へとアップデートしていく。
大きく環境が変わればド真ん中ですら、進化させてもいいぞ！
日々いろんなことを意識して行動することで、日常が変わる！
まるで、夢が叶う情報が磁石のように自分に吸い付いてくる！

さぁ、新しい扉を開こう！

CHAPTER
09

★ ★ ★ ★ ★ ★ ★ ★ ★ ★ ★ ★ ★ ★

向き合う力

知ル知ル君

上司、同僚、友達、家族。
世の中には、いろんな人がいる
ことを受け入れよう。

見た目はもちろんだけど、
性格や育った環境もさまざまだよね。

実は僕もこう見えて、ニューヨーク生まれで英語ペラペラ・・・かもしれない。
休日は地下で、総合格闘家として闘っている・・・かもしれない。
話してみないとわからないことって、意外とたくさんあるんだ。
自分と同じように、相手にも過去から未来まで、壮大な背景があるんだよ。
うまくいかない時にこそ、相手の短所を見るのではなくて、
相手と「向き合う一歩」を踏み出してみよう！

では、向き合う一歩とは、どういうことか？

それは、 相手を「知る」 ということ。
相手の過去から未来、まるっと知ることで不思議と「好き」が生まれるよ。

相手を変えようとせず、
まず相手に質問を投げかけよう。

まずは相手を知るために質問しよう。

相手をとことん見にいこう！

ラストスパートがんばろう！

JIN先生のアップデート2.0

人生の目標を64個
決めて行動すると、カラーバス効果もあり
ものすごい情報や知識を入手できます。

人脈（馬主戦略）	赤字企業を黒字へ	大坂先生の認定コンサル	ボーネルンド	世界株20年で2億円＋	投資家を見つける	ビジネスモデル構築力	社長の免許証	経営力
コンサルタント10人と繋がる	コンサル会社（1）	100社	健康事業	純資産10億円 60歳（2）	コンサル年収1200万	M&A	エンジェル投資家（3）	マネジメント力
理念ー採用ー教育ー評価	仲間のフィールド	大坂塾を活性化	店舗	国内株で月10万利益	投資企業MA4社	資金調達	BS経営	好きな仲間
好きになる	感謝力	器	コンサル会社（1）	純資産10億円 60歳（2）	エンジェル投資家（3）	倒産率0コンサルタント	人が笑顔になれる空間提供	雑誌に取り上げられる
美点凝視	人間性（4）	読書	人間性（4）	企業家30人作る50歳	社会的存在価値（5）	またがんばれる旅館（熊本）55歳	社会的存在価値（5）	子どもたちの夢
向き合う	軸をぶらさない	調子に乗らない	幸運（6）	健康（7）	社会貢献（8）	人生設計士	本当にありがとう1000個	書籍
先見性	偶察力	人を救う	90歳まで健康に生きる	73キロ42歳の12月まで	体脂肪 42歳	実際実現してるヒトに会う	土地500坪	政治家
チャレンジ	幸運（6）	人に寄付する	コンビニ控える 食わない	健康長寿（7）	人間ドック 年1回	ドイツ・ティアハイムに行く	イヌネコプロジェクト	寄付2500人
公共に寄付する	努力し続ける	礼儀	ホットヨガ 2019年24回	Drストレッチ 2019年24回	体の勉強	協賛者を見つける	すでにある施設へ寄付	NPO法人

企業家
30人作る
思い

MISSION：これからもたくさんの企業家が誕生する日本、しかしその現状は社長の免許証を取得せず開業するため、5年間で85％、10年間で93.7％の企業が倒産している。私は企業のスタートアップからイグジットまでの経営人生をサポートするエンジェル投資家になり、100名の成功者を生み出し、100名の社長と革命を起こす！

JIN先生のアップデート3.0

アップデートしていくと自然とよりよい目標ができたり
捉え方や考え方にも変化が現れます
そんな時はどんどん人生設計をアップデートしましょう。

人脈（馬主戦略）	人生設計手帳作成 **43歳**	大学生50% 35万人	ボーネルンド	世界株20年で2億円＋	投資家を見つける	エンジェル投資	社長の免許証	経営力
企業1000社 5万人	志事（手帳90万人） **1**	高校生10% 35万人	グルメ5つ星	純資産10億円 **60歳 2**	コンサル年収1500万	M&A	コンサル10社 **45歳 3**	マネジメント力
紹介1万人	小学生の親1万人	出版20万人	印税1.2億円	国内株で月10万利益	投資企業MA4社	資金調達	BS経営	ワンピースホールディングス
好きになる	感謝力	器	志事（手帳90万人）	資産 **2**	仕事 **3**	UFC全観戦	ゴルフ80台 **45歳**	プロ野球143試合
美点凝視	人間性 **4**	読書	人間性 **4**	★ありがとうのミリオンセラー55歳	趣味毎日ENJOY	F1全観戦	毎日ENJOY **5**	公園プロデュース55歳
向き合う	軸をぶらなさい	調子に乗らない	野球貢献 **6**	健康 **7**	社会貢献 **8**	旅館厳選30	究極のグルメ50選 **45歳**	カラオケ95点ソング **43歳**
野球勉強	イチロー	独立リーグ	90歳まで健康に生きる	73キロ **43歳の12月まで**	体脂肪15% **44歳**	実際実現してるヒトに会う	土地500坪	政治家
スポンサー人脈	野球貢献（18球団） **6**	少年野球	コンビニ控える無農薬生活 **食わない**	健康長寿 **7**	人間ドック **年1回**	ドイツ・ティアハイムに行く	イヌネコプロジェクト **60歳**	寄付2500人
第二のフィールド	プロ野球選手	雑誌「未来野球」	整骨院 **週1**	柔軟 **毎日10分**	体の勉強 **週に1時間**	協賛者を見つける	すでにある施設へ寄付	NPO法人

ありがとうの
ミリオン
セラーへの
思い

MISSION：会社依存から個々のブランドアイデンティティの時代へ
自分の幸せについて向き合うことにより
世界が広がる。平等に与えられた時間の中で
いかに頭の中に幸せBOXを入れているかで人生は激変する
人生設計手帳を用い、「ありがとう」を拡散する！

JIN先生のアップデート4.0

人生設計を進めていく中で、目標が1つかなったりしていくと
成長が感じられます。そうすることで見える景色も変わり
自分の中に眠ってる本当のわくわくに気づくこともできます。

選択肢を与える	未来に生きる言葉	22歳まで欲しいものはすべて買う	子どものわくわく発見	世界株20年で2億円＋	☆彡	You Tube	研修プログラム10個	仲間を助ける
邪魔をしない（何でもできる）	父親力 1	プレ送迎すべて	ボーネルンド	わくわく 2	えぞログ	年収1500万	仕事 3	相談を断らない
毎日愛を伝える	常に笑顔	週5回遊ぶ	☆彡	子どもとともに習う	えぞ休	本を出す	わくわくすることしかしない	出社週2回しかしない
好きになる	感謝力	器	父親力 1	わくわく 2	仕事 3	愛馬が重賞を勝つ	野球全試合	習い事を一緒にする
美点凝視	人間性 4	読書	人間性 4	最高の父	毎日ENJOY 5	F1全観戦	毎日ENJOY 5	公園プロデュース55歳
向き合う	軸をぶらさない 6	調子に乗らない	幸運 6	健康 7	社会貢献 8	旅館厳選30	突極のグルメ50選45歳	カラオケ95点ソング50歳
本を出す	関西の公園制覇	関西の室内遊び場制覇	90歳まで健康に生きる	73キロ46歳の12月まで 46歳	体脂肪15% 46歳	実際実現してるヒトに会う	土地500坪	政治家
脳科学の勉強	遊びマスター 6	サイト作る	コンビニ控える無農薬生活 食わない	健康長寿 7	人間ドック年1回	ドイツ・ティアハイムに行く	イヌネコプロジェクト60歳 8	寄付2500人
遊びの勉強	妥協しない	知育も遊びに変える仕組み	整骨院週1	柔軟毎日10分	体の勉強週に1時間	協賛者を見つける	すでにある施設へ寄付	NPO法人

最高の父への思い

MISSION：最高の父とは、お父さんみたいになりたい！と思われること。そのためには、健康で、仕事を楽しみ、人生を楽しみ、いつも笑顔で、そして人も笑顔にし、プラスの言葉しか発しない自慢できる父でいる。どんな子どもになってほしいか、自己否定しない、限界を自分で決めない（坂本龍馬）、人に愛される（劉備玄徳）人物。一緒にいる時間を増やし、愛と笑顔を世界一プレゼントする。生まれてくれて、成長を見守らせてくれて、わがままをたくさん言ってくれて最高の贅沢をありがとう。

JIN先生の一番弟子

ほーじーのアップデート2.0

どんどんアップデートしていきましょう。大事なのは自分の中の
わくわくに従うことです。この軸をぶらさずにより明確で
納得感のある目標にアップデートしていきましょう！

母に年1回プレゼント	父を越える父になる	沙理菜へ月1夕食、プレゼント	社長と知り合う年間100人	学生と月15人と会う	就職した子と月3人会う	専務へ任命2021年10月	年1回社員旅行	LH代表取締役2035年
旅行年1	1 プライベート恩返し	沙理菜ご両親へプレゼント年1	社長に時間をもらう年間50人	2 生情報1万	野球の先輩と月1人会う	事業部長として20人の長	3 安田のモチベーション	スーツ阪急メンズ館で出店2025年
外出した時の手土産毎回	月1回の料理	月1回は祖父と会うか電話	野球の同期と月3人会う	野球の後輩と月3人会う	友と月1回会う	毎月将来のことを話す	安田に対しての恩返し（探す）	月3のサウナ！
仲間（社員）を本気で家族と考える	週1誰かと食事や時間を共にする	オファーBOXを設置する	1 プライベート恩返し	2 生情報1万	3 安田のモチベーション	事業部長へ2022年4月	HD取締役2035年	子会社取締役2035年
月3サウナ	4 家族志向	三国志を読み返す月1	4 家族志向	リードスマイルホールディングス15年後	5 平野のモチベーション	事業部を作る2023年まで	5 平野のモチベーション	事業部長として20人の長
家庭訪問毎回	社内新聞月1	社員旅行年1	6 全国制覇2025年	7 ド人脈8人	8 井上のモチベーション	毎月将来の事を話す	平野に対しての恩返し（探す）	月3のご飯！
中国地方2021年	中部・北陸2022年	中部・北陸2022年	会長との時間月1以上	横の人脈10人	上の人脈10人	事業部へ2022年4月	HD取締役2035年	子会社代表2035年
四国・九州2023年	6 全国制覇2025年	東北・北海道2025年	年下の人脈10人	7 ド人脈8人	同学年社長と年間10人	事業部を作る2023年まで	8 井上のモチベーション	毎月将来のことを話す
海斗さんと連携する	ワンピースHDで東京2021年	野球人脈を年間50人作る	月3回集まりや会食に参加	新規ゴルフコンペ年間5回参加	漢の修行会年3回の活動	事業部長として20人の長	井上に対しての恩返し（探す）	月3のドライブ！

リードスマイル
ホールディングス
への思い

MISSION：人生生きていく中でできるだけ多くの時間を【笑顔】で過ごすために
まずは自分の仲間に【笑顔】になって頂き、関わる方々に【笑顔】を届けてほしい。
そのためにHD化し、自分がわくわくする環境を創り出す！
そして新しい会社の形、組織の形を皆で創り出していく。
最終的には各個人がその人しかできない力で【笑顔貢献】をしていく！

アップデート2.0

日付

/　　　　/

前回 Ver. 1.0 は参照 P46・P47

● 想い

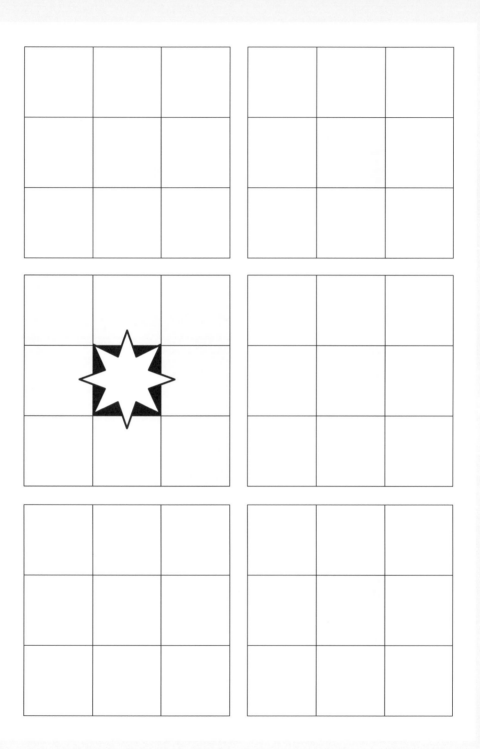

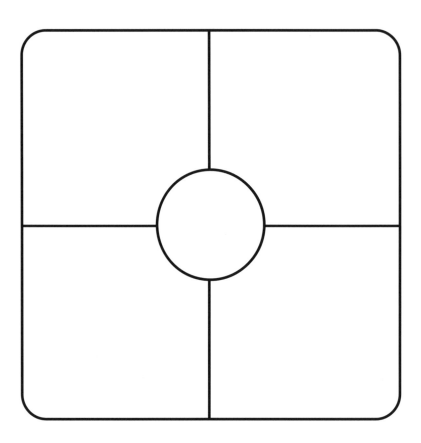

MEMO

目標01

計画01

目標02

計画02

目標03

計画03

目標04

計画04

目標05

計画05

目標06

計画06

目標07

計画07

目標08

計画08

目標01

計画01

目標02

計画02

目標03

計画03

目標04

計画04

目標05

計画05

目標06

計画06

目標07

計画07

目標08

計画08

3

目標01
··
計画01

目標02
··
計画02

目標03
··
計画03

目標04
··
計画04

目標05
··
計画05

目標06
··
計画06

目標07
··
計画07

目標08
··
計画08

09

目標01

計画01

目標02

計画02

目標03

計画03

目標04

計画04

目標05

計画05

目標06

計画06

目標07

計画07

目標08

計画08

目標01

計画01

目標02

計画02

目標03

計画03

目標04

計画04

目標05

計画05

目標06

計画06

目標07

計画07

目標08

計画08

目標01

計画01

目標02

計画02

目標03

計画03

目標04

計画04

目標05

計画05

目標06

計画06

目標07

計画07

目標08

計画08

目標01

計画01

目標02

計画02

目標03

計画03

目標04

計画04

目標05

計画05

目標06

計画06

目標07

計画07

目標08

計画08

目標01

計画01

目標02

計画02

目標03

計画03

目標04

計画04

目標05

計画05

目標06

計画06

目標07

計画07

目標08

計画08

1

2

3

4

5

6

7

8

	1	1	1	1	1
	2	2	2	2	2
	3	3	3	3	3
	4	4	4	4	4
	5	5	5	5	5
	6	6	6	6	6
	7	7	7	7	7
	8	8	8	8	8
	1	1	1	1	1
	2	2	2	2	2
	3	3	3	3	3
	4	4	4	4	4
	5	5	5	5	5
	6	6	6	6	6
	7	7	7	7	7
	8	8	8	8	8
	1	1	1	1	1
	2	2	2	2	2
	3	3	3	3	3
	4	4	4	4	4
	5	5	5	5	5
	6	6	6	6	6
	7	7	7	7	7
	8	8	8	8	8
	1	1	1	1	1
	2	2	2	2	2
	3	3	3	3	3
	4	4	4	4	4
	5	5	5	5	5
	6	6	6	6	6
	7	7	7	7	7
	8	8	8	8	8
	1	1	1	1	1
	2	2	2	2	2
	3	3	3	3	3
	4	4	4	4	4
	5	5	5	5	5
	6	6	6	6	6
	7	7	7	7	7
	8	8	8	8	8
	1	1	1	1	
	2	2	2	2	
	3	3	3	3	
	4	4	4	4	
	5	5	5	5	
	6	6	6	6	
	7	7	7	7	
	8	8	8	8	

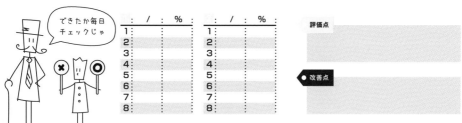

	/	%			/	%
1				1		
2				2		
3				3		
4				4		
5				5		
6				6		
7				7		
8				8		

評価点

● 改善点

できたか毎日
チェックじゃ

09

09

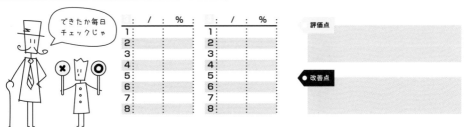

できたか毎日
チェックじゃ

	/	%
1		
2		
3		
4		
5		
6		
7		
8		

	/	%
1		
2		
3		
4		
5		
6		
7		
8		

評価点

◆ 改善点

177

1

2

3

4

5

6

7

8

1	1	1	1	1
2	2	2	2	2
3	3	3	3	3
4	4	4	4	4
5	5	5	5	5
6	6	6	6	6
7	7	7	7	7
8	8	8	8	8
1	1	1	1	1
2	2	2	2	2
3	3	3	3	3
4	4	4	4	4
5	5	5	5	5
6	6	6	6	6
7	7	7	7	7
8	8	8	8	8
1	1	1	1	1
2	2	2	2	2
3	3	3	3	3
4	4	4	4	4
5	5	5	5	5
6	6	6	6	6
7	7	7	7	7
8	8	8	8	8
1	1	1	1	1
2	2	2	2	2
3	3	3	3	3
4	4	4	4	4
5	5	5	5	5
6	6	6	6	6
7	7	7	7	7
8	8	8	8	8
1	1	1	1	1
2	2	2	2	2
3	3	3	3	3
4	4	4	4	4
5	5	5	5	5
6	6	6	6	6
7	7	7	7	7
8	8	8	8	8
1	1	1	1	
2	2	2	2	
3	3	3	3	
4	4	4	4	
5	5	5	5	
6	6	6	6	
7	7	7	7	
8	8	8	8	

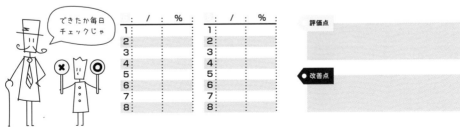

	1	1		1	1		1	1		1	1
2	2	2	2	2	2	2	2	2	2	2	2
3	3	3	3	3	3	3	3	3	3	3	3
4	4	4	4	4	4	4	4	4	4	4	4
5	5	5	5	5	5	5	5	5	5	5	5
6	6	6	6	6	6	6	6	6	6	6	6
7	7	7	7	7	7	7	7	7	7	7	7
8	8	8	8	8	8	8	8	8	8	8	8

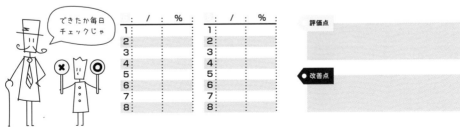

できたか毎日チェックじゃ

	/	%
1		
2		
3		
4		
5		
6		
7		
8		

	/	%
1		
2		
3		
4		
5		
6		
7		
8		

評価点

● 改善点

1

2

3

4

5

6

7

8

1	1	1	1	1
2	2	2	2	2
3	3	3	3	3
4	4	4	4	4
5	5	5	5	5
6	6	6	6	6
7	7	7	7	7
8	8	8	8	8
1	1	1	1	1
2	2	2	2	2
3	3	3	3	3
4	4	4	4	4
5	5	5	5	5
6	6	6	6	6
7	7	7	7	7
8	8	8	8	8
1	1	1	1	1
2	2	2	2	2
3	3	3	3	3
4	4	4	4	4
5	5	5	5	5
6	6	6	6	6
7	7	7	7	7
8	8	8	8	8
1	1	1	1	1
2	2	2	2	2
3	3	3	3	3
4	4	4	4	4
5	5	5	5	5
6	6	6	6	6
7	7	7	7	7
8	8	8	8	8
1	1	1	1	1
2	2	2	2	2
3	3	3	3	3
4	4	4	4	4
5	5	5	5	5
6	6	6	6	6
7	7	7	7	7
8	8	8	8	8
1	1	1	1	
2	2	2	2	
3	3	3	3	
4	4	4	4	
5	5	5	5	
6	6	6	6	
7	7	7	7	
8	8	8	8	

1	1	1	1	1	1	1	1	1
2	2	2	2	2	2	2	2	2
3	3	3	3	3	3	3	3	3
4	4	4	4	4	4	4	4	4
5	5	5	5	5	5	5	5	5
6	6	6	6	6	6	6	6	6
7	7	7	7	7	7	7	7	7
8	8	8	8	8	8	8	8	8
1	1	1	1	1	1	1	1	1
2	2	2	2	2	2	2	2	2
3	3	3	3	3	3	3	3	3
4	4	4	4	4	4	4	4	4
5	5	5	5	5	5	5	5	5
6	6	6	6	6	6	6	6	6
7	7	7	7	7	7	7	7	7
8	8	8	8	8	8	8	8	8
1	1	1	1	1	1	1	1	1
2	2	2	2	2	2	2	2	2
3	3	3	3	3	3	3	3	3
4	4	4	4	4	4	4	4	4
5	5	5	5	5	5	5	5	5
6	6	6	6	6	6	6	6	6
7	7	7	7	7	7	7	7	7
8	8	8	8	8	8	8	8	8
1	1	1	1	1	1	1	1	1
2	2	2	2	2	2	2	2	2
3	3	3	3	3	3	3	3	3
4	4	4	4	4	4	4	4	4
5	5	5	5	5	5	5	5	5
6	6	6	6	6	6	6	6	6
7	7	7	7	7	7	7	7	7
8	8	8	8	8	8	8	8	8
1	1	1	1	1	1	1	1	1
2	2	2	2	2	2	2	2	2
3	3	3	3	3	3	3	3	3
4	4	4	4	4	4	4	4	4
5	5	5	5	5	5	5	5	5
6	6	6	6	6	6	6	6	6
7	7	7	7	7	7	7	7	7
8	8	8	8	8	8	8	8	8

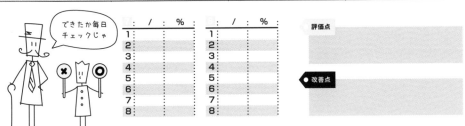

できたか毎日チェックじゃ

	/	%
1		
2		
3		
4		
5		
6		
7		
8		

	/	%
1		
2		
3		
4		
5		
6		
7		
8		

評価点

● 改善点

10

★★★★★★★★★★★☆☆

頼り力

タヨリーナ

ウォルト・ディズニーはこう言った。

「1人の人間が大きな業績を上げるためには、
多くの人の手と気持ちと知力が必要になるのです」

ディズニーが生み出した世界的に愛されているミッキーマウス。
ミッキーが、夢の国で笑顔を絶やさないようにするためには、
数えきれない人の存在が必要だって、みんなも想像できるよね。
映画の原作者、施設の設計者、建設した作業員さんたち、ミッキーの仲間たち。
振り付けの先生、ミュージシャン、馬車を製作した人、
着ぐるみを縫った人、中に入ってる人。

誰だって自分1人の力では生きていけない。

みんなも、困った時、困りそうな時。
人を頼っていいんだよ。

周りにはたくさんの
人がいること、
覚えておこうね!

大切なものは何か！！

成長

成長とは何か？

それはできなかったことができるようになることです。

とてもシンプルなことなのです。

みなさんも振り返ってみると、思った以上にできることが増えているはずです。

でも成長しているはずなのに、なぜか自分はだめだ…向いてないんだ…

と思ってしまう人が本当に多い。

その理由は周りと比べてしまうからです。

私も人生の中で、いろんな人の成長を見てきました。

不思議なことにすぐ結果が出る人もいれば、1年経った頃に結果が出る人、

すぐ結果が出た人でも、数年後を見てみると、

ゆっくりのペースの人の方がよい結果を出していたり、

人の成長の仕方は本当にさまざまです。

大切なことは自分の人生の目標に対して成長しているかどうか？

その検証だけです。

確かに他人の成績を意識し奮闘することも大事です。

しかし、まだ何もしてないのに、周りと比べ自信をなくしてやめてしまう。

非常にもったいないです。

必ず人は成長します。

しっかり自分の決めた人生の目標に対して歩み、
進めていけばどんどん成長を実感できるようになります。
自信を持ってがんばりましょう！

1

2

3

4

5

6

7

8

1	1	1	1	1
2	2	2	2	2
3	3	3	3	3
4	4	4	4	4
5	5	5	5	5
6	6	6	6	6
7	7	7	7	7
8	8	8	8	8
1	1	1	1	1
2	2	2	2	2
3	3	3	3	3
4	4	4	4	4
5	5	5	5	5
6	6	6	6	6
7	7	7	7	7
8	8	8	8	8
1	1	1	1	1
2	2	2	2	2
3	3	3	3	3
4	4	4	4	4
5	5	5	5	5
6	6	6	6	6
7	7	7	7	7
8	8	8	8	8
1	1	1	1	1
2	2	2	2	2
3	3	3	3	3
4	4	4	4	4
5	5	5	5	5
6	6	6	6	6
7	7	7	7	7
8	8	8	8	8
1	1	1	1	1
2	2	2	2	2
3	3	3	3	3
4	4	4	4	4
5	5	5	5	5
6	6	6	6	6
7	7	7	7	7
8	8	8	8	8
1	1	1	1	
2	2	2	2	
3	3	3	3	
4	4	4	4	
5	5	5	5	
6	6	6	6	
7	7	7	7	
8	8	8	8	

1	1	1	1	1	1	1	1	1
2	2	2	2	2	2	2	2	2
3	3	3	3	3	3	3	3	3
4	4	4	4	4	4	4	4	4
5	5	5	5	5	5	5	5	5
6	6	6	6	6	6	6	6	6
7	7	7	7	7	7	7	7	7
8	8	8	8	8	8	8	8	8
1	1	1	1	1	1	1	1	1
2	2	2	2	2	2	2	2	2
3	3	3	3	3	3	3	3	3
4	4	4	4	4	4	4	4	4
5	5	5	5	5	5	5	5	5
6	6	6	6	6	6	6	6	6
7	7	7	7	7	7	7	7	7
8	8	8	8	8	8	8	8	8
1	1	1	1	1	1	1	1	1
2	2	2	2	2	2	2	2	2
3	3	3	3	3	3	3	3	3
4	4	4	4	4	4	4	4	4
5	5	5	5	5	5	5	5	5
6	6	6	6	6	6	6	6	6
7	7	7	7	7	7	7	7	7
8	8	8	8	8	8	8	8	8
1	1	1	1	1	1	1	1	1
2	2	2	2	2	2	2	2	2
3	3	3	3	3	3	3	3	3
4	4	4	4	4	4	4	4	4
5	5	5	5	5	5	5	5	5
6	6	6	6	6	6	6	6	6
7	7	7	7	7	7	7	7	7
8	8	8	8	8	8	8	8	8
1	1	1	1	1	1	1	1	1
2	2	2	2	2	2	2	2	2
3	3	3	3	3	3	3	3	3
4	4	4	4	4	4	4	4	4
5	5	5	5	5	5	5	5	5
6	6	6	6	6	6	6	6	6
7	7	7	7	7	7	7	7	7
8	8	8	8	8	8	8	8	8

できたか毎日
チェックじゃ

	/	%
1		
2		
3		
4		
5		
6		
7		
8		

	/	%
1		
2		
3		
4		
5		
6		
7		
8		

評価点

改善点

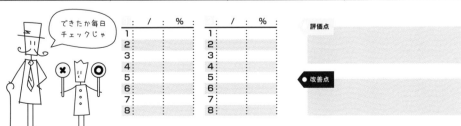

10

1

2

3

4

5

6

7

8

	1	1	1	1	1
	2	2	2	2	2
	3	3	3	3	3
	4	4	4	4	4
	5	5	5	5	5
	6	6	6	6	6
	7	7	7	7	7
	8	8	8	8	8

1	1	1	1	1	1	1	1
2	2	2	2	2	2	2	2
3	3	3	3	3	3	3	3
4	4	4	4	4	4	4	4
5	5	5	5	5	5	5	5
6	6	6	6	6	6	6	6
7	7	7	7	7	7	7	7
8	8	8	8	8	8	8	8
1	1	1	1	1	1	1	1
2	2	2	2	2	2	2	2
3	3	3	3	3	3	3	3
4	4	4	4	4	4	4	4
5	5	5	5	5	5	5	5
6	6	6	6	6	6	6	6
7	7	7	7	7	7	7	7
8	8	8	8	8	8	8	8
1	1	1	1	1	1	1	1
2	2	2	2	2	2	2	2
3	3	3	3	3	3	3	3
4	4	4	4	4	4	4	4
5	5	5	5	5	5	5	5
6	6	6	6	6	6	6	6
7	7	7	7	7	7	7	7
8	8	8	8	8	8	8	8
1	1	1	1	1	1	1	1
2	2	2	2	2	2	2	2
3	3	3	3	3	3	3	3
4	4	4	4	4	4	4	4
5	5	5	5	5	5	5	5
6	6	6	6	6	6	6	6
7	7	7	7	7	7	7	7
8	8	8	8	8	8	8	8
1	1	1	1	1	1	1	1
2	2	2	2	2	2	2	2
3	3	3	3	3	3	3	3
4	4	4	4	4	4	4	4
5	5	5	5	5	5	5	5
6	6	6	6	6	6	6	6
7	7	7	7	7	7	7	7
8	8	8	8	8	8	8	8

10

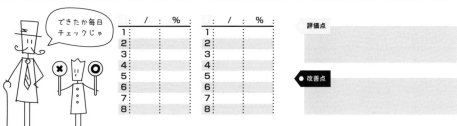

できたか毎日
チェックじゃ

	/	%
1		
2		
3		
4		
5		
6		
7		
8		

	/	%
1		
2		
3		
4		
5		
6		
7		
8		

評価点

◆ 改善点

10

1

2

3

4

5

6

7

8

1	1	1	1	1	1	1	1	1
2	2	2	2	2	2	2	2	2
3	3	3	3	3	3	3	3	3
4	4	4	4	4	4	4	4	4
5	5	5	5	5	5	5	5	5
6	6	6	6	6	6	6	6	6
7	7	7	7	7	7	7	7	7
8	8	8	8	8	8	8	8	8
1	1	1	1	1	1	1	1	1
2	2	2	2	2	2	2	2	2
3	3	3	3	3	3	3	3	3
4	4	4	4	4	4	4	4	4
5	5	5	5	5	5	5	5	5
6	6	6	6	6	6	6	6	6
7	7	7	7	7	7	7	7	7
8	8	8	8	8	8	8	8	8
1	1	1	1	1	1	1	1	1
2	2	2	2	2	2	2	2	2
3	3	3	3	3	3	3	3	3
4	4	4	4	4	4	4	4	4
5	5	5	5	5	5	5	5	5
6	6	6	6	6	6	6	6	6
7	7	7	7	7	7	7	7	7
8	8	8	8	8	8	8	8	8
1	1	1	1	1	1	1	1	1
2	2	2	2	2	2	2	2	2
3	3	3	3	3	3	3	3	3
4	4	4	4	4	4	4	4	4
5	5	5	5	5	5	5	5	5
6	6	6	6	6	6	6	6	6
7	7	7	7	7	7	7	7	7
8	8	8	8	8	8	8	8	8
1	1	1	1	1	1	1	1	1
2	2	2	2	2	2	2	2	2
3	3	3	3	3	3	3	3	3
4	4	4	4	4	4	4	4	4
5	5	5	5	5	5	5	5	5
6	6	6	6	6	6	6	6	6
7	7	7	7	7	7	7	7	7
8	8	8	8	8	8	8	8	8

10

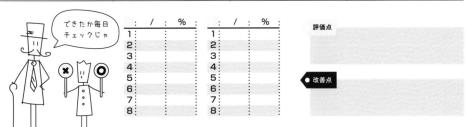

できたか毎日チェックじゃ

評価点

● 改善点

	/	：	%
1			
2			
3			
4			
5			
6			
7			
8			

	/	：	%
1			
2			
3			
4			
5			
6			
7			
8			

1	1	1	1	1	1	1	1	1
2	2	2	2	2	2	2	2	2
3	3	3	3	3	3	3	3	3
4	4	4	4	4	4	4	4	4
5	5	5	5	5	5	5	5	5
6	6	6	6	6	6	6	6	6
7	7	7	7	7	7	7	7	7
8	8	8	8	8	8	8	8	8
1	1	1	1	1	1	1	1	1
2	2	2	2	2	2	2	2	2
3	3	3	3	3	3	3	3	3
4	4	4	4	4	4	4	4	4
5	5	5	5	5	5	5	5	5
6	6	6	6	6	6	6	6	6
7	7	7	7	7	7	7	7	7
8	8	8	8	8	8	8	8	8
1	1	1	1	1	1	1	1	1
2	2	2	2	2	2	2	2	2
3	3	3	3	3	3	3	3	3
4	4	4	4	4	4	4	4	4
5	5	5	5	5	5	5	5	5
6	6	6	6	6	6	6	6	6
7	7	7	7	7	7	7	7	7
8	8	8	8	8	8	8	8	8

10

1	1	1	1	1	1	1	1	1
2	2	2	2	2	2	2	2	2
3	3	3	3	3	3	3	3	3
4	4	4	4	4	4	4	4	4
5	5	5	5	5	5	5	5	5
6	6	6	6	6	6	6	6	6
7	7	7	7	7	7	7	7	7
8	8	8	8	8	8	8	8	8
1	1	1	1	1	1	1	1	1
2	2	2	2	2	2	2	2	2
3	3	3	3	3	3	3	3	3
4	4	4	4	4	4	4	4	4
5	5	5	5	5	5	5	5	5
6	6	6	6	6	6	6	6	6
7	7	7	7	7	7	7	7	7
8	8	8	8	8	8	8	8	8

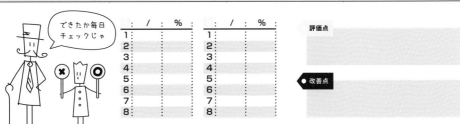

できたか毎日
チェックじゃ

	/	%
1		
2		
3		
4		
5		
6		
7		
8		

	/	%
1		
2		
3		
4		
5		
6		
7		
8		

評価点

● 改善点

変化力

カメレオン君

エルメスは昔、馬具の工房だった
という話は聞いたことある？

任天堂は花札、トランプ製造、
トヨタ自動車は織機製造の会社だったんだって！

僕が言いたいこと、気づいてくれたかな。

**企業が生き残っていく上で、一番大切なこと、
それは「変化に対応する力」。**

90%以上の企業が今後10年間で
倒産するというデータがあるんだ。

変化に対応できない結末は恐ろしいね。

変化こそ成長であり、変化こそHAPPYな未来を
手に入れるために絶対に必要なことなんだ！

企業だけでなく、個人つまり君も同じなんだよ。

気をつけないと、人も居心地のよい場所についつい居座りたくなっちゃうよね。

変化することを恐れずに、成長していこう！

変化を楽しもう！

セルフイメージ（自信）

セルフイメージはすべて自分で決定できるのです。

セルフイメージが高い！！って思えば高いし

低い！！って思えば低いのです。

そうです。**自分で自分のイメージを選んでいるのです。**

私はセルフイメージが高いと思っています。勝手に！です笑

根拠はないですが、やればプロ野球選手になれたと思っています。

やれば漫画家に、ミリオンセラー作詞家になれると思っています。

周りがどう思ってるかわかりませんが！笑笑

これが僕が自分の人生の成功を手にできた大きな理由だと思っています。

20歳ぐらいの時、競馬が好きになりいつか馬主になれると思い込んでいました。

会社を立ち上げて売上が0円従業員2人の時に10億円企業にできると思っていました！

当時できるわけがないと思われていたことも

根拠なき自信が実現へと導いてくれました。

これが成功に大きく直結しているのです。

セルフイメージが悪い人は、人の悪いところを見つけるような行動になってしまいます。

セルフイメージをよくする方法があります。

①陰口をやめて、ほめ口をする

②マイナス発言禁止

③「私はできる」と毎日思う

④好きなことを増やし続ける

ぜひ実践してみてください！
周りにはたくさんの人がいること、覚えておこうね！

11

11

1

2

3

4

5

6

7

8

1	1	1	1	1	1	1	1	1
2	2	2	2	2	2	2	2	2
3	3	3	3	3	3	3	3	3
4	4	4	4	4	4	4	4	4
5	5	5	5	5	5	5	5	5
6	6	6	6	6	6	6	6	6
7	7	7	7	7	7	7	7	7
8	8	8	8	8	8	8	8	8
1	1	1	1	1	1	1	1	1
2	2	2	2	2	2	2	2	2
3	3	3	3	3	3	3	3	3
4	4	4	4	4	4	4	4	4
5	5	5	5	5	5	5	5	5
6	6	6	6	6	6	6	6	6
7	7	7	7	7	7	7	7	7
8	8	8	8	8	8	8	8	8
1	1	1	1	1	1	1	1	1
2	2	2	2	2	2	2	2	2
3	3	3	3	3	3	3	3	3
4	4	4	4	4	4	4	4	4
5	5	5	5	5	5	5	5	5
6	6	6	6	6	6	6	6	6
7	7	7	7	7	7	7	7	7
8	8	8	8	8	8	8	8	8
1	1	1	1	1	1	1	1	1
2	2	2	2	2	2	2	2	2
3	3	3	3	3	3	3	3	3
4	4	4	4	4	4	4	4	4
5	5	5	5	5	5	5	5	5
6	6	6	6	6	6	6	6	6
7	7	7	7	7	7	7	7	7
8	8	8	8	8	8	8	8	8
1	1	1	1	1	1	1	1	1
2	2	2	2	2	2	2	2	2
3	3	3	3	3	3	3	3	3
4	4	4	4	4	4	4	4	4
5	5	5	5	5	5	5	5	5
6	6	6	6	6	6	6	6	6
7	7	7	7	7	7	7	7	7
8	8	8	8	8	8	8	8	8

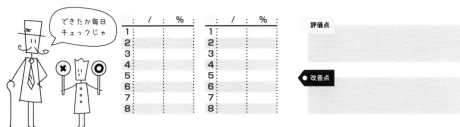

できたか毎日チェックじゃ

	/	%
1		
2		
3		
4		
5		
6		
7		
8		

	/	%
1		
2		
3		
4		
5		
6		
7		
8		

評価点

● 改善点

1	1	1	1	1	1	1	1	1
2	2	2	2	2	2	2	2	2
3	3	3	3	3	3	3	3	3
4	4	4	4	4	4	4	4	4
5	5	5	5	5	5	5	5	5
6	6	6	6	6	6	6	6	6
7	7	7	7	7	7	7	7	7
8	8	8	8	8	8	8	8	8
1	1	1	1	1	1	1	1	1
2	2	2	2	2	2	2	2	2
3	3	3	3	3	3	3	3	3
4	4	4	4	4	4	4	4	4
5	5	5	5	5	5	5	5	5
6	6	6	6	6	6	6	6	6
7	7	7	7	7	7	7	7	7
8	8	8	8	8	8	8	8	8
1	1	1	1	1	1	1	1	1
2	2	2	2	2	2	2	2	2
3	3	3	3	3	3	3	3	3
4	4	4	4	4	4	4	4	4
5	5	5	5	5	5	5	5	5
6	6	6	6	6	6	6	6	6
7	7	7	7	7	7	7	7	7
8	8	8	8	8	8	8	8	8
1	1	1	1	1	1	1	1	1
2	2	2	2	2	2	2	2	2
3	3	3	3	3	3	3	3	3
4	4	4	4	4	4	4	4	4
5	5	5	5	5	5	5	5	5
6	6	6	6	6	6	6	6	6
7	7	7	7	7	7	7	7	7
8	8	8	8	8	8	8	8	8
1	1	1	1	1	1	1	1	1
2	2	2	2	2	2	2	2	2
3	3	3	3	3	3	3	3	3
4	4	4	4	4	4	4	4	4
5	5	5	5	5	5	5	5	5
6	6	6	6	6	6	6	6	6
7	7	7	7	7	7	7	7	7
8	8	8	8	8	8	8	8	8

11

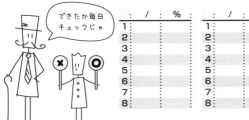

できたか毎日チェックじゃ

	/	%		/	%
1	:		1	:	
2	:		2	:	
3	:		3	:	
4	:		4	:	
5	:		5	:	
6	:		6	:	
7	:		7	:	
8	:		8	:	

評価点

● 改善点

1

2

3

11 4

5

6

7

8

	1	1	1	1	1
	2	2	2	2	2
	3	3	3	3	3
	4	4	4	4	4
	5	5	5	5	5
	6	6	6	6	6
	7	7	7	7	7
	8	8	8	8	8
	1	1	1	1	1
	2	2	2	2	2
	3	3	3	3	3
	4	4	4	4	4
	5	5	5	5	5
	6	6	6	6	6
	7	7	7	7	7
	8	8	8	8	8
	1	1	1	1	1
	2	2	2	2	2
	3	3	3	3	3
	4	4	4	4	4
	5	5	5	5	5
	6	6	6	6	6
	7	7	7	7	7
	8	8	8	8	8
	1	1	1	1	1
	2	2	2	2	2
	3	3	3	3	3
	4	4	4	4	4
	5	5	5	5	5
	6	6	6	6	6
	7	7	7	7	7
	8	8	8	8	8
	1	1	1	1	1
	2	2	2	2	2
	3	3	3	3	3
	4	4	4	4	4
	5	5	5	5	5
	6	6	6	6	6
	7	7	7	7	7
	8	8	8	8	8
	1	1	1	1	1
	2	2	2	2	2
	3	3	3	3	3
	4	4	4	4	4
	5	5	5	5	5
	6	6	6	6	6
	7	7	7	7	7
	8	8	8	8	8
	1	1	1	1	
	2	2	2	2	
	3	3	3	3	
	4	4	4	4	
	5	5	5	5	
	6	6	6	6	
	7	7	7	7	
	8	8	8	8	

1	1	1	1	1	1	1	1	1
2	2	2	2	2	2	2	2	2
3	3	3	3	3	3	3	3	3
4	4	4	4	4	4	4	4	4
5	5	5	5	5	5	5	5	5
6	6	6	6	6	6	6	6	6
7	7	7	7	7	7	7	7	7
8	8	8	8	8	8	8	8	8
1	1	1	1	1	1	1	1	1
2	2	2	2	2	2	2	2	2
3	3	3	3	3	3	3	3	3
4	4	4	4	4	4	4	4	4
5	5	5	5	5	5	5	5	5
6	6	6	6	6	6	6	6	6
7	7	7	7	7	7	7	7	7
8	8	8	8	8	8	8	8	8
1	1	1	1	1	1	1	1	1
2	2	2	2	2	2	2	2	2
3	3	3	3	3	3	3	3	3
4	4	4	4	4	4	4	4	4
5	5	5	5	5	5	5	5	5
6	6	6	6	6	6	6	6	6
7	7	7	7	7	7	7	7	7
8	8	8	8	8	8	8	8	8
1	1	1	1	1	1	1	1	1
2	2	2	2	2	2	2	2	2
3	3	3	3	3	3	3	3	3
4	4	4	4	4	4	4	4	4
5	5	5	5	5	5	5	5	5
6	6	6	6	6	6	6	6	6
7	7	7	7	7	7	7	7	7
8	8	8	8	8	8	8	8	8
1	1	1	1	1	1	1	1	1
2	2	2	2	2	2	2	2	2
3	3	3	3	3	3	3	3	3
4	4	4	4	4	4	4	4	4
5	5	5	5	5	5	5	5	5
6	6	6	6	6	6	6	6	6
7	7	7	7	7	7	7	7	7
8	8	8	8	8	8	8	8	8

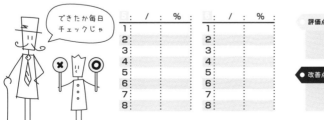

できたか毎日
チェックじゃ

	/	%
1		
2		
3		
4		
5		
6		
7		
8		

	/	%
1		
2		
3		
4		
5		
6		
7		
8		

評価点

● 改善点

1	1	1	1	1	1	1	1	1
2	2	2	2	2	2	2	2	2
3	3	3	3	3	3	3	3	3
4	4	4	4	4	4	4	4	4
5	5	5	5	5	5	5	5	5
6	6	6	6	6	6	6	6	6
7	7	7	7	7	7	7	7	7
8	8	8	8	8	8	8	8	8
1	1	1	1	1	1	1	1	1
2	2	2	2	2	2	2	2	2
3	3	3	3	3	3	3	3	3
4	4	4	4	4	4	4	4	4
5	5	5	5	5	5	5	5	5
6	6	6	6	6	6	6	6	6
7	7	7	7	7	7	7	7	7
8	8	8	8	8	8	8	8	8
1	1	1	1	1	1	1	1	1
2	2	2	2	2	2	2	2	2
3	3	3	3	3	3	3	3	3
4	4	4	4	4	4	4	4	4
5	5	5	5	5	5	5	5	5
6	6	6	6	6	6	6	6	6
7	7	7	7	7	7	7	7	7
8	8	8	8	8	8	8	8	8
1	1	1	1	1	1	1	1	1
2	2	2	2	2	2	2	2	2
3	3	3	3	3	3	3	3	3
4	4	4	4	4	4	4	4	4
5	5	5	5	5	5	5	5	5
6	6	6	6	6	6	6	6	6
7	7	7	7	7	7	7	7	7
8	8	8	8	8	8	8	8	8
1	1	1	1	1	1	1	1	1
2	2	2	2	2	2	2	2	2
3	3	3	3	3	3	3	3	3
4	4	4	4	4	4	4	4	4
5	5	5	5	5	5	5	5	5
6	6	6	6	6	6	6	6	6
7	7	7	7	7	7	7	7	7
8	8	8	8	8	8	8	8	8

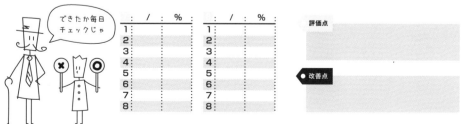

できたか毎日チェックじゃ

	/	%
1		
2		
3		
4		
5		
6		
7		
8		

	/	%
1		
2		
3		
4		
5		
6		
7		
8		

評価点

改善点

12

★ ★ ★ ★ ★ ★ ★ ★ ★ ★ ★ ★

本質力

根っこちゃん

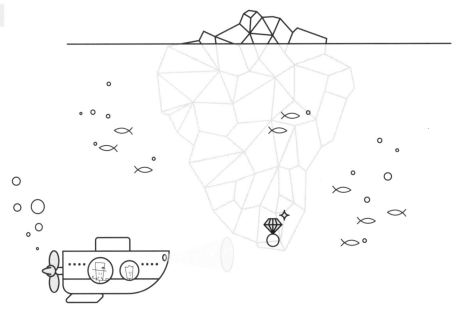

3歳の子どもが牛乳をこぼした。
「あ～あ…」と責める？　それとも…？

大事なのは、こぼしたことではなく
背景を考えることなんだ。

その子がお母さんに牛乳をあげようと思って誤ってこぼしたのか、
イタズラにこぼしたのか、こういった
見えない部分に気づける力、これが本質力だよ。

人間関係や仕事のトラブルにも同じことが言えるんだ。

人って自分にとって都合のよい解釈をして、
ついつい自分にとって都合のよいアウトプットをしちゃうよね。
目に見えているものは、氷山の一角だと思っておこう。

子どもの心は本質をむき出しにして生きているのに、
なぜか大人になるにつれて何重にも心にカギがかかっていることがある。

その扉を開き、目に見えない、さらにその奥にある

「見えない心」を見にいってみよう！

働くということ

働くということの本質は何か？

それは人の役に立つということです。
世の中のすべての仕事は誰かの役に立っているから
存在しているのです。
つまりお金をたくさん稼ぎたい人は
たくさんの人の役に立てばいいのです。
楽しく仕事がしたい人は
どんな役に立てば幸せを感じるか考えればいいのです。
得意なことや好きなことを仕事にするのも素敵なことです。

私たちはたくさんの働く人々の助けがあって生きてます。
道路も信号機も電気もガスも水も家も、今周りにある
すべてのものが働く誰かがつくったものであり
いつのまにか勝手にできたものではないのです。

12

今はさまざまな働き方がある。

でも人に役立つことが仕事だという本質は変わりません。
理想の働き方を見つけることは自分も幸せを感じながら、
相手（顧客）へも幸せを提供できる、
win-winな関係をつくることでもあります。
そんな仕事を見つけましょう。

1

2

3

4

5

6

7

8

1	1	1	1	1
2	2	2	2	2
3	3	3	3	3
4	4	4	4	4
5	5	5	5	5
6	6	6	6	6
7	7	7	7	7
8	8	8	8	8
1	1	1	1	1
2	2	2	2	2
3	3	3	3	3
4	4	4	4	4
5	5	5	5	5
6	6	6	6	6
7	7	7	7	7
8	8	8	8	8
1	1	1	1	1
2	2	2	2	2
3	3	3	3	3
4	4	4	4	4
5	5	5	5	5
6	6	6	6	6
7	7	7	7	7
8	8	8	8	8
1	1	1	1	1
2	2	2	2	2
3	3	3	3	3
4	4	4	4	4
5	5	5	5	5
6	6	6	6	6
7	7	7	7	7
8	8	8	8	8
1	1	1	1	1
2	2	2	2	2
3	3	3	3	3
4	4	4	4	4
5	5	5	5	5
6	6	6	6	6
7	7	7	7	7
8	8	8	8	8
1	1	1	1	
2	2	2	2	
3	3	3	3	
4	4	4	4	
5	5	5	5	
6	6	6	6	
7	7	7	7	
8	8	8	8	

1	1	1	1	1	1	1	1	1
2	2	2	2	2	2	2	2	2
3	3	3	3	3	3	3	3	3
4	4	4	4	4	4	4	4	4
5	5	5	5	5	5	5	5	5
6	6	6	6	6	6	6	6	6
7	7	7	7	7	7	7	7	7
8	8	8	8	8	8	8	8	8
1	1	1	1	1	1	1	1	1
2	2	2	2	2	2	2	2	2
3	3	3	3	3	3	3	3	3
4	4	4	4	4	4	4	4	4
5	5	5	5	5	5	5	5	5
6	6	6	6	6	6	6	6	6
7	7	7	7	7	7	7	7	7
8	8	8	8	8	8	8	8	8
1	1	1	1	1	1	1	1	1
2	2	2	2	2	2	2	2	2
3	3	3	3	3	3	3	3	3
4	4	4	4	4	4	4	4	4
5	5	5	5	5	5	5	5	5
6	6	6	6	6	6	6	6	6
7	7	7	7	7	7	7	7	7
8	8	8	8	8	8	8	8	8
1	1	1	1	1	1	1	1	1
2	2	2	2	2	2	2	2	2
3	3	3	3	3	3	3	3	3
4	4	4	4	4	4	4	4	4
5	5	5	5	5	5	5	5	5
6	6	6	6	6	6	6	6	6
7	7	7	7	7	7	7	7	7
8	8	8	8	8	8	8	8	8
1	1	1	1	1	1	1	1	1
2	2	2	2	2	2	2	2	2
3	3	3	3	3	3	3	3	3
4	4	4	4	4	4	4	4	4
5	5	5	5	5	5	5	5	5
6	6	6	6	6	6	6	6	6
7	7	7	7	7	7	7	7	7
8	8	8	8	8	8	8	8	8

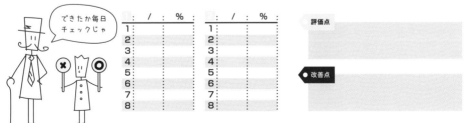

できたか毎日
チェックじゃ

	/	：	％
1			
2			
3			
4			
5			
6			
7			
8			

	/	：	％
1			
2			
3			
4			
5			
6			
7			
8			

評価点

● 改善点

1	1	1	1	1	1	1	1	1
2	2	2	2	2	2	2	2	2
3	3	3	3	3	3	3	3	3
4	4	4	4	4	4	4	4	4
5	5	5	5	5	5	5	5	5
6	6	6	6	6	6	6	6	6
7	7	7	7	7	7	7	7	7
8	8	8	8	8	8	8	8	8
1	1	1	1	1	1	1	1	1
2	2	2	2	2	2	2	2	2
3	3	3	3	3	3	3	3	3
4	4	4	4	4	4	4	4	4
5	5	5	5	5	5	5	5	5
6	6	6	6	6	6	6	6	6
7	7	7	7	7	7	7	7	7
8	8	8	8	8	8	8	8	8
1	1	1	1	1	1	1	1	1
2	2	2	2	2	2	2	2	2
3	3	3	3	3	3	3	3	3
4	4	4	4	4	4	4	4	4
5	5	5	5	5	5	5	5	5
6	6	6	6	6	6	6	6	6
7	7	7	7	7	7	7	7	7
8	8	8	8	8	8	8	8	8
1	1	1	1	1	1	1	1	1
2	2	2	2	2	2	2	2	2
3	3	3	3	3	3	3	3	3
4	4	4	4	4	4	4	4	4
5	5	5	5	5	5	5	5	5
6	6	6	6	6	6	6	6	6
7	7	7	7	7	7	7	7	7
8	8	8	8	8	8	8	8	8
1	1	1	1	1	1	1	1	1
2	2	2	2	2	2	2	2	2
3	3	3	3	3	3	3	3	3
4	4	4	4	4	4	4	4	4
5	5	5	5	5	5	5	5	5
6	6	6	6	6	6	6	6	6
7	7	7	7	7	7	7	7	7
8	8	8	8	8	8	8	8	8

12

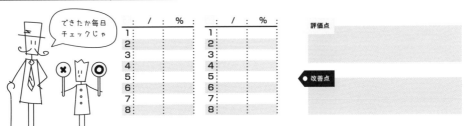

できたか毎日
チェックじゃ

	/	%
1		
2		
3		
4		
5		
6		
7		
8		

	/	%
1		
2		
3		
4		
5		
6		
7		
8		

評価点

● 改善点

5 6

1

2

3

4

12

5

6

7

8

1	1	1	1	1
2	2	2	2	2
3	3	3	3	3
4	4	4	4	4
5	5	5	5	5
6	6	6	6	6
7	7	7	7	7
8	8	8	8	8

1	1	1	1	1	1	1	1	1
2	2	2	2	2	2	2	2	2
3	3	3	3	3	3	3	3	3
4	4	4	4	4	4	4	4	4
5	5	5	5	5	5	5	5	5
6	6	6	6	6	6	6	6	6
7	7	7	7	7	7	7	7	7
8	8	8	8	8	8	8	8	8
1	1	1	1	1	1	1	1	1
2	2	2	2	2	2	2	2	2
3	3	3	3	3	3	3	3	3
4	4	4	4	4	4	4	4	4
5	5	5	5	5	5	5	5	5
6	6	6	6	6	6	6	6	6
7	7	7	7	7	7	7	7	7
8	8	8	8	8	8	8	8	8
1	1	1	1	1	1	1	1	1
2	2	2	2	2	2	2	2	2
3	3	3	3	3	3	3	3	3
4	4	4	4	4	4	4	4	4
5	5	5	5	5	5	5	5	5
6	6	6	6	6	6	6	6	6
7	7	7	7	7	7	7	7	7
8	8	8	8	8	8	8	8	8
1	1	1	1	1	1	1	1	1
2	2	2	2	2	2	2	2	2
3	3	3	3	3	3	3	3	3
4	4	4	4	4	4	4	4	4
5	5	5	5	5	5	5	5	5
6	6	6	6	6	6	6	6	6
7	7	7	7	7	7	7	7	7
8	8	8	8	8	8	8	8	8
1	1	1	1	1	1	1	1	1
2	2	2	2	2	2	2	2	2
3	3	3	3	3	3	3	3	3
4	4	4	4	4	4	4	4	4
5	5	5	5	5	5	5	5	5
6	6	6	6	6	6	6	6	6
7	7	7	7	7	7	7	7	7
8	8	8	8	8	8	8	8	8

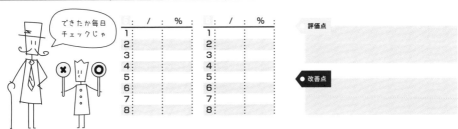

できたか毎日チェックじゃ

	/	%
1		
2		
3		
4		
5		
6		
7		
8		

	/	%
1		
2		
3		
4		
5		
6		
7		
8		

評価点

● 改善点

1

2

3

4

5

6

7

8

	1	1	1	1	1
	2	2	2	2	2
	3	3	3	3	3
	4	4	4	4	4
	5	5	5	5	5
	6	6	6	6	6
	7	7	7	7	7
	8	8	8	8	8

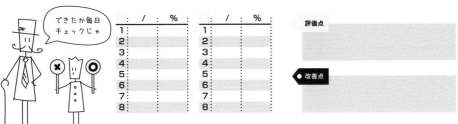

できたか毎日
チェックじゃ

	/	%			/	%
1				1		
2				2		
3				3		
4				4		
5				5		
6				6		
7				7		
8				8		

評価点

● 改善点

大切なことは、自分の可能性を
勝手に決めないこと。

成功してる人はもともと才能があっただけで
自分のような平凡な人生を歩んできた人間は成功できない。
こんなふうに思っている人はいないだろうか？
何の根拠もない思い込みがいつのまにか、
自分の可能性や成長を大きく妨げているのです。必ずできる。
今までの自分を否定するとしたら、それは何もしてきていないだけです。
勝手に自分には無理だと思い込み何の行動もしていないだけです。
今からでも遅くありません。
自分の心に従い自分がわくわくする未来を描き、
行動すれば必ず新しい道は開ける。
自分の人生は自分でつくる。

1度きりの人生しっかり自分と向き合い、
自分の「わくわく」を発見し、
日常を「わくわく」で溢れさせましょう！

最後に

人生設計マップは、普段私がテキストを用いて研修をしています。

それを本にしましたが、100%の想いを伝えることはできません。

何が不明点などあれば、個別にお問い合わせ下さい。

また様々な研修を行ってますので、ご興味あれば、連絡お待ちしております。

JIN先生の会社 ▶▶▶ https://www.do-strike.com

JIN先生の研修BOOKS

①人生設計MAP研修

②人生設計が必要なワケ

③人生の成功は
とってもシンプル

⑤中間管理職がまず
やるべき２つのミッション

⑥営業神器

⑦テレマーケティングの
10の法則

⑧未来型時限爆弾

⑨社長力

⑩木の根論

わくわく人生設計MAP
スペシャルサンクス

- 金本知憲（第33代阪神タイガース監督）
- 法嶋将太（株式会社リードスマイル 代表取締役）
- 関山愛瑠斗（同志社大学野球部）
- 表紙・カバーイラスト / 本文デザイン・イラスト：
  宍戸克成（COCODORU）

わくわく人生設計マップ

2021年10月30日 第1刷発行

著者	知明
発行人	久保田貴幸

発行元　株式会社 幻冬舎メディアコンサルティング
　　　　〒151-0051　東京都渋谷区千駄ヶ谷4-9-7
　　　　電話 03-5411-6440(編集)

発売元　株式会社 幻冬舎
　　　　〒151-0051　東京都渋谷区千駄ヶ谷4-9-7
　　　　電話 03-5411-6222(営業)

印刷・製本　中央精版印刷株式会社
装丁　　　　加藤綾羽